海上絲綢之路基本文獻叢書

日本考（上）

〔明〕李言恭 〔明〕郝杰 撰

文物出版社

圖書在版編目（CIP）數據

日本考．上 /（明）李言恭，（明）郝杰撰．-- 北京：文物出版社，2022.6
（海上絲綢之路基本文獻叢書）
ISBN 978-7-5010-7564-5

Ⅰ．①日… Ⅱ．①李… ②郝… Ⅲ．①日本－歷史－史料 Ⅳ．① K313.06

中國版本圖書館 CIP 數據核字（2022）第 068215 號

海上絲綢之路基本文獻叢書

日本考（上）

著　　者：〔明〕李言恭〔明〕郝杰
策　　划：盛世博閱（北京）文化有限責任公司

封面設計：鞏榮彪
責任編輯：劉永海
責任印製：張道奇

出版發行：文物出版社
社　　址：北京市東城區東直門内北小街 2 號樓
郵　　編：100007
網　　址：http://www.wenwu.com
郵　　箱：web@wenwu.com
經　　銷：新華書店
印　　刷：北京旺都印務有限公司
開　　本：787mm×1092mm　1/16
印　　張：13.75
版　　次：2022 年 6 月第 1 版
印　　次：2022 年 6 月第 1 次印刷
書　　號：ISBN 978-7-5010-7564-5
定　　價：98.00 圓

總緒

海上絲綢之路，一般意義上是指從秦漢至鴉片戰争前中國與世界進行政治、經濟、文化交流的海上通道，主要分爲經由黄海、東海的海路最終抵達日本列島及朝鮮半島的東海航綫和以徐聞、合浦、廣州、泉州爲起點通往東南亞及印度洋地區的南海航綫。

在中國古代文獻中，最早、最詳細記載『海上絲綢之路』航綫的是東漢班固的《漢書・地理志》，詳細記載了西漢黄門譯長率領應募者入海『齎黄金雜繒而往』之事，書中所出現的地理記載與東南亞地區相關，并與實際的地理狀况基本相符。

東漢後，中國進入魏晋南北朝長達三百多年的分裂割據時期，絲路上的交往也走向低谷。這一時期的絲路交往，以法顯的西行最爲著名。法顯作爲從陸路西行到印度，再由海路回國的第一人，根據親身經歷所寫的《佛國記》（又稱《法顯傳》）一書，詳細介紹了古代中亞和印度、巴基斯坦、斯里蘭卡等地的歷史及風土人情，是瞭解和研究海陸絲綢之路的珍貴歷史資料。

隨着隋唐的統一，中國經濟重心的南移，中國與西方交通以海路爲主，海上絲綢之路進入大發展時期。廣州成爲唐朝最大的海外貿易中心，朝廷設立市舶司，專門管理海外貿易。唐代著名的地理學家賈耽（七三〇～八〇五年）的《皇華四達記》記載了從廣州通往阿拉伯地區的海上交通『廣州通夷道』，詳述了從廣州港出發，經越南、馬來半島、蘇門答臘半島至印度、錫蘭，直至波斯灣沿岸各國的航綫及沿途地區的方位、名稱、島礁、山川、民俗等。譯經大師義净西行求法，將沿途見聞寫成著作《大唐西域求法高僧傳》，詳細記載了海上絲綢之路的發展變化，是我們瞭解絲綢之路不可多得的第一手資料。

宋代的造船技術和航海技術顯著提高，指南針廣泛應用於航海，中國商船的遠航能力大大提升。北宋徐兢的《宣和奉使高麗圖經》詳細記述了船舶製造、海洋地理和往來航綫，是研究宋代海外交通史、中朝友好關係史、中朝經濟文化交流史的重要文獻。南宋趙汝適《諸蕃志》記載，南海有五十三個國家和地區與南宋通商貿易，形成了通往日本、高麗、東南亞、印度、波斯、阿拉伯等地的『海上絲綢之路』。宋代爲了加强商貿往來，於北宋神宗元豐三年（一〇八〇年）頒佈了中國歷史上第一部海洋貿易管理條例《廣州市舶條法》，并稱爲宋代貿易管理的制度範本。

元朝在經濟上採用重商主義政策，鼓勵海外貿易，中國與歐洲的聯繫與交往非常頻繁，其中馬可·波羅、伊本·白圖泰等歐洲旅行家來到中國，留下了大量的旅行記，記録元代海上絲綢之路的盛況。元代的汪大淵兩次出海，撰寫出《島夷志略》一書，記録了二百多個國名和地名，其中不少首次見於中國著録，涉及的地理範圍東至菲律賓群島，西至非洲。這些都反映了元朝時中西經濟文化交流的豐富内容。

明、清政府先後多次實施海禁政策，海上絲綢之路的貿易逐漸衰落。但是從明永樂三年至明宣德八年的二十八年裏，鄭和率船隊七下西洋，先後到達的國家多達三十多個，在進行經貿交流的同時，也極大地促進了中外文化的交流，這些都詳見於《西洋蕃國志》《星槎勝覽》《瀛涯勝覽》等典籍中。

關於海上絲綢之路的文獻記述，除上述官員、學者、求法或傳教高僧以及旅行者的著作外，自《漢書》之後，歷代正史大都列有《地理志》《四夷傳》《西域傳》《外國傳》《蠻夷傳》《屬國傳》等篇章，加上唐宋以來衆多的典制類文獻、地方史志文獻，集中反映了歷代王朝對於周邊部族、政權以及西方世界的認識，都是關於海上絲綢之路的原始史料性文獻。

海上絲綢之路概念的形成，經歷了一個演變的過程。十九世紀七十年代德國地理學家費迪南・馮・李希霍芬（Ferdinad Von Richthofen，一八三三～一九〇五），在其《中國：親身旅行和研究成果》第三卷中首次把輸出中國絲綢的東西陸路稱爲『絲綢之路』。有『歐洲漢學泰斗』之稱的法國漢學家沙畹（Édouard Chavannes，一八六五～一九一八），在其一九〇三年著作的《西突厥史料》中提出『絲路有海陸兩道』，蘊涵了海上絲綢之路最初提法。迄今發現最早正式提出『海上絲綢之路』一詞的是日本考古學家三杉隆敏，他在一九六七年出版《中國瓷器之旅：探索海上的絲綢之路》中首次使用『海上絲綢之路』一詞；一九七九年三杉隆敏又出版了《海上絲綢之路》一書，其立意和出發點局限在東西方之間的陶瓷貿易與交流史。

二十世紀八十年代以來，在海外交通史研究中，『海上絲綢之路』一詞逐漸成爲中外學術界廣泛接受的概念。根據姚楠等人研究，饒宗頤先生是華人中最早提出『海上絲綢之路』的人，他的《海道之絲路與昆侖舶》正式提出『海上絲路』的稱謂。選堂先生評價海上絲綢之路是外交、貿易和文化交流作用的通道。此後，大陸學者馮蔚然在一九七八年編寫的《航運史話》中，使用『海上絲綢之路』一詞，這是迄今學界查到的中國大陸最早使用『海上絲綢之路』的人，更多地限於航海活動領域的考察。一九八〇年北京大學陳炎教授提出『海上絲綢之路』研究，并於一九八一年發表《略論海上絲綢之路》一文。他對海上絲綢之路的理解超越以往，且帶有濃厚的愛國主義思想。陳炎教授之後，從事研究海上絲綢之路的學者越來越多，尤其沿海港口城市向聯合國申請海上絲綢之路非物質文化遺産活動，將海上絲綢之路研究推向新高潮。另外，國家把建設『絲綢之路經濟帶』和『二十一世紀海上絲綢之路』作爲對外發展方針，將這一學術課題提升爲國家願景的高度，使海上絲綢之路形成超越學術進入政經層面的熱潮。

與海上絲綢之路學的萬千氣象相對應，海上絲綢之路文獻的整理工作仍顯滯後，遠遠跟不上突飛猛進的研究進展。二〇一八年厦門大學、中山大學等單位聯合發起『海上絲綢之路文獻集成』專案，尚在醞釀當中。我們不揣淺陋，深入調查，廣泛搜集，將有關海上絲綢之路的原始史料文獻和研究文獻，分爲風俗物産、雜史筆記、海防海事、典章檔案等六個類别，彙編成《海上絲綢之路歷史文化叢書》，於二〇二〇年影印出版。此輯面市以來，深受各大圖書館及相關研究者好評。爲讓更多的讀者親近古籍文獻，我們遴選出前編中的菁華，彙編成《海上絲綢之路基本文獻叢書》，以單行本影印出版，以饗讀者，以期爲讀者展現出一幅幅中外經濟文化交流的精美畫卷，爲海上絲綢之路的研究提供歷史借鑒，爲『二十一世紀海上絲綢之路』倡議構想的實踐做好歷史的詮釋和注脚，從而達到『以史爲鑒』『古爲今用』的目的。

凡例

一、本編注重史料的珍稀性，從《海上絲綢之路歷史文化叢書》中遴選出菁華，擬出版百册單行本。

二、本編所選之文獻，其編纂的年代下限至一九四九年。

三、本編排序無嚴格定式，所選之文獻篇幅以二百餘頁爲宜，以便讀者閱讀使用。

四、本編所選文獻，每種前皆注明版本、著者。

五、本編文獻皆爲影印，原始文本掃描之後經過修復處理，仍存原式，少數文獻由於原始底本欠佳，略有模糊之處，不影響閲讀使用。

六、本編原始底本非一時一地之出版物，原書裝幀、開本多有不同，本書彙編之後，統一爲十六開右翻本。

目録

日本考（上）

日本考（上）

卷一至卷三

〔明〕李言恭　〔明〕郝杰　撰

民國二十六年上海商務印書館影印明萬曆刻本

日本考目錄

第一卷

第二卷

樵子偷桃　春野採花

雲迷夏月　松影罩山

指月候人　雲山苔石

皓月逢人　月下歸鴈

玉霜問婦　世笑梅猷

倩人摘梅　日月同天

蜒蝣避牛　心命相連

托月譬病　歸遲嘆世

夜月感懷　相期不候

第四卷

流賊　蔫糜
親屬　稱荅
身體　衣服
鋪蓋　段布
顏色　五穀
飲食　炊煑
數目　算法
器用　內器
農具　舩具

第五卷

琴法

琴樣

琴譜

憶中華調　又迴文詞

棊格

象棊　棊子造法

棊子步法　棊盤式樣

圍棊　雙陸

征行所禁　纂法

㨗法

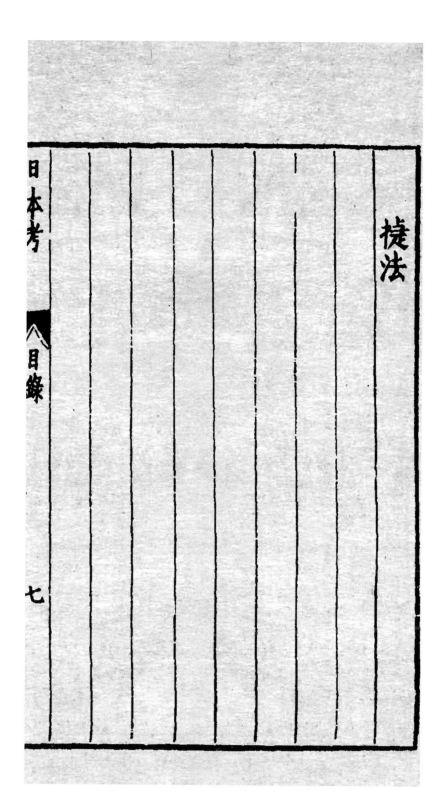

日本考卷之一

總督京營戎政少保兼太子太保臨淮侯李言恭

協理京營戎政都察院右都御史兼兵部右侍郎郝　杰　考梓

日本古倭奴國依山島爲城邑在百濟新羅東南地形類琵琶東高西下東西數千里南北數百里九州居西爲首（肥前肥後豐前豐後筑前筑後日向大隅薩摩）陸奧居東爲尾（至山城旱程七十五日舊云陸奧爲頭薩摩大隅爲尾者非）山城居中乃國都也國君以王爲姓以尊爲號後改稱皇初居日向筑紫宮後徙

山城文武皆世其官有德仁義禮智信大小
十二等及軍尼伊賀翼諸名山城以東地方
廣邈雖倭奴遠服賈者不能閱歷況華人乎
故其島之數可考按舊圖山城以東中爲近江伊賀尾張三河美濃飛彈信濃上野陸奧北邊海爲但馬丹後若佐加賀越前越中越後出羽甲裴常陸南邊海爲攝摩攝津太和河內遠江駿河伊豆相摩武藏下野東北懸海則爲佐渡在南懸海則爲志摩七島上總下總安房其間廣狹至有不能考者今
姑據所聞者述之山城之南爲和泉其南海懸泊舟者爲阿賁介撒几爲歪打阿波爲千撒几爲天王者爲沙界衣又南爲沙界

其地甚小方沙界之東南為紀伊東為三河出海之口為濱大海
其島為康大為科什麼為奴智紀伊之西為伊勢北為三河其毄為腰
大為阿乃奴子山城之西為册渡左為攝津其毄為瓢舟谷
為阿家世奴乎辣為素埋為男女懐東南懸海為安防州左之西為攝摩
其毄為那敗為舍個世為抗茄為我這古為磨羅右為但馬右之西
為因幡册渡西為美作左為備前其毄為兀什麼舼為
茄賣茄里為多大左之西為備中出鉄其毄為山子加為官奴乎嚩為
那什摩其南為連島懸海三十里右為因幡右之西為伯耆
沿海俱自沙無毄可泊其鎮為阿家殺紀為倭子介為他奴賀知其北為竹島懸海三十

里美作之西為備後之北境其嶴為一子談一知為于奴鼻
為和奴客知為拿敗為赦東大出雲之南境其嶴為番你為山子介為欽子
溪為戶流為飛賴叮為失喇哈叮為也生忌為客和奴失記其北為隱岐懸海三百五十
里備後之西為安藝其嶴為翁家搭白昆敗為法子加一知為窟撒
子為谷也為他加歪喇其南為宮島懸海三十里出雲之西為石見出銀
與銅其嶴為南高番馬為番馬搭哥為撮奴市為有奴子北至海三十里安藝石
見之西為山口谷國郎古之周防州也橫直二百
四十里其南邊海之嶴為翁哥里為客大逝里為東大為陀奴迷為哈迷奴失記為奴羅
市米其北邊海之嶴為斯殺為賣抵哈扣為夜市為高奴鳥喇北至三鳥海面三百五十

里山口之西為長門横直皆二日程惡為花浦為薰州為番記為倭
委扯至三島懸海三百五十里關渡在馬其西旱関為阿介馬失記抽分司設
於此渡此而西為豐前横五百里直四百里其惡為可苦剌馬賴介襪
次為大義地為野慢茀為阿世夜為暮治為二賣其南為豐後横直皆六百里
其惡為福乃為倭几奴法賣為鎖孤舟為由奴烏剌為撒一基為烏四基又其南
為日向横直皆三百六十里其惡為多故奴南治豐前之西北為
筑前横六百五十里直四百里其惡為右勢為加菩里為加打也馬為多賣里為一
萬字為奴打為世加為經字里為多羅為寂那多為法哈嗟郎慱多之別名也其扯離伊
岐島海面五百里西南為筑後横直皆二百五十里筑後之南

爲大隅其南須海之𦍑爲什麼烏思迷今之人訛傳爲懸海懸海乃大漁州也大隅與日向薩摩連壤名爲九州大隅之西爲薩摩横直皆三百六十里其𦍑爲脐孛喇爲起麻子記爲羊理南爲康國什麼爲羅里爲拖馬里爲強頭馬里爲鷄哥里爲年市米爲仙臺爲審孛署豐後東南懸海爲土佐爲伊豫爲阿波阿波相近懸海爲炎路土佐豐後之間爲佐加關土佐至佐加関海面一百八十里佐加関至豐後海面七十里薩摩之北爲肥後横直皆五百里其𦍑爲牙子世六爲阿麻國撒爲昏爲一國撒介烏喇爲開懷世利爲嗟加什爲什嗟加又其北爲肥前横直皆五百里其𦍑爲鉄来爲言奴氣子爲法司奴一計爲客舍其内沿河泊舟交易之

處爲倭磨剌爲知十歪爲法一溪爲夜間迷
爲坐迷子爲迷坐骨知爲一掃拂爲愛奴乎迷
喇爲世子爲迷古里爲失撒爲喃哥呀爲
椎婆哥爲松本一名馬子喇爲法麻撒几

肥前西懸海爲平戶東西海面十里西北至博多海面四百五十里**平戶之西爲五島**丘山相錯懸海而生其中有嶴可泊乃日本西境之盡處
也過峡西行越五六日四望無山直抵陳錢
辟下峡島與薩摩相去一千五百里與肥前
相去四百三十里與平戶相去二千五十里
五島至山日必由平戶經過其嶴爲乃路爲
倭齊家爲衣屋奴啓爲通記爲
達奴烏剌爲烏苦爲話哈達

北爲多藝爲

伊岐橫直皆七十里至對馬島海面五百里**爲對馬島**橫三百里其南
嶴爲哥爲丼大哈東南爲拂乃哥世西北爲
堆沙几爲山谷爲撒思乃爲知六磨爲你打

北為倭奴島剌其西北至高麗也必由對馬島開洋各島之人俱至堆沙几撒思乃山谷三嶴開洋至高麗之則失多順風一日約五百里南至琉球也必由薩摩州開洋順風七日其貢使之來必由博多開洋歷五島而入中國因造舟水手俱在博多故也貢船回則徑收長門因抽分司官在焉故也若其入寇則隨風所之東北風猛則由薩摩或由五島至大小琉球而視風之變遷北多則犯廣東東多則犯福建彭湖島分䑸或之泉州等處或之梅花所長樂縣等處若正

東風猛則必由五島歷天堂官渡水而視風之變遷東北多則至烏沙門分䑸或過韭山海閘門而犯溫州或由舟山之南而犯定海（經大衢洋入金塘蛟門）犯象山奉化（由東西廚入湖頭渡）犯昌國（入石浦閘）犯台州（入桃渚海門松門諸港）正東風多則至李西嶴壁下陳錢分䑸或由洋山之南而犯臨觀（過漁山兩頭洞三姑山入蟶浦則犯紹興之臨山三山過霍山洋五嶼烈表平石則犯寧波之龍山觀海）犯錢塘（過大小衢徐公入鼈子門赭山則薄省城也）或由洋山之北而犯青南（過馬蹟潭而西）犯太倉（過馬

日本考　卷之一　五

蹟潭而西北或過南沙而入大江過茶山入瞭角嘴涉谷積狼福山而泝儀常鎮若在大洋而風欻東南也則犯淮揚犯登萊過步州洋乱沙入塩城口則犯淮安入廟湾港則犯揚州再越而北則犯登萊若在五島開洋而南風方猛則趨遼陽趨天津大抵倭舶之来恒在清明之後前乎此風候不常届期方有東北風多日而不變也過五月風自南来倭不利於行矣重陽後風亦有東北者過十月風自西北来亦非倭所利矣故防春者以三四五月為大汛九十月為小汛其

停橈之處焚刼之權若倭得而主之而其帆檣所向一視乎風實有天意存乎其間倭不得而主之向之入寇者薩摩肥後長門三州之人居多其次則大隅筑前筑後博多日向攝摩津州紀伊種島而豐前豐後和泉之人亦間有之乃因商于薩摩而附行者也日本之民有貧有富如攝摩伊勢若佐博多其人以商為業其地方街巷風景宛若中華富者各數千家有積貲至百萬者又如和泉一州富者八萬户皆居積貨殖有淋有憊如薩摩之鷄哥里方數千里其邑長安西慶能納民于軌物無一人為盜

又如宮島人不嘗殺人有不平事但詣神廟罰錢又如紀伊之頭陀僧三千八百房專習武藝殺人而不犯中國富而淋者或登貢船而来或登
商船而来凡在寇船皆貧與惡者也山城君
號令不行徒寄空名於上非若我中國禮樂
征伐自
天子出大一統之治也山口豐後出雲開三軍
門如中國總督府之義各以大權相吞噬今惟豐後尚
存亦不過兼并肥前等六島而巳肥前肥後筑前筑後
豐前豐後山口出雲以貪滅亡山口原并國十二曰石見長門安藝

備前備後備中出雲伯岐丹後因幡但馬後出雲奪歸其地山口長子死馬其君亦爲陶殿所殺豐後君以其弟攝山口事吞安藝安藝殺之嘉靖三十六年山口無君豐後獨稱雄馬山城君金印勘合父爲山口所有向來入貢俱山口自主山城惟出名而已陶殿之亂宮殿勘合俱焚金印亦損一角不知所歸貢自此絕矣欲望彼國之約束諸夷斷斷乎不能也

畿内部

驛

凡四百一十四

户

可七萬餘

課

約八十八萬三千三百二十九

寄語島名

山城手馬失羅　筑前職骨前　太和野馬多

筑後 職骨骨 河内 茄懐知 豐前 孛前
和泉 因字米 豐後 蓬哥 攝津 子奴因 你
肥前 非前 伊賀 衣加 肥後 非谷
伊勢 衣舍 日向 兄加 志摩
大隅 阿思米 尾張 倭阿里 薩摩 撒子馬
三河 迷茄懐 遠江 紀伊 藝乞奴苦
炎路 山奴計 駿河 阿波 挨懐齊
伊豆 因慈 讃着 甲裴 藝慨怡苦
伊豫 伊右 相摩 土佐 掽撒

武藏木撒暑　山口即周防羊馬蛮諸　安房阿空

美作迷馬撒家　備前避然　上總茄迷倭撒

下總什麽倭撒　備中避畫　常陸

備後避臥　若佐壊加棚　安藝阿計

越前日智前　攝摩法里馬　越中日書

長門奴茄多　越後日清谷　冊渡冊白

加賀坑茄　冊後冊哥　能登奴朵

但馬嗹什麽　佐渡沙渡　因幡奚奴白

近江多鳥米　伯耆花計　美濃米奴

日本考　卷之一　九

出雲因字木　飛彈非大智　石見

信濃申阿農　隱岐和計　上野康子計

伊岐尤計　女島　下野什麼子計

陸奥話收　多藝　出羽迷外

宮島迷挨什麼　五島我島　男島賀什麼

小島科什麼　對馬島則什麼　連島卒賴甚麼

種島他尼什摩　博多花哈喀　竹島他計甚麼

平戶　佐加閑　三島密什麼

倭船

日本造船與中國異必用大木取方相思合縫不使鐵釘惟聯鐵片不使麻筋桐油惟以草塞罅漏而已名短水草費功甚多費材甚大非大力量未易造也凡寇中國者皆其島貧人向來所傳倭國造船千百隻皆虛誑耳其大者容三百人中者一二百人小者四五十人或七八十人其形卑隘遇巨艦難於仰攻苦於犁沉故廣福船皆其所畏而廣船旁陡如垣尤其所畏者也其底平不能破浪其布帆懸

於桅之正中不似中國之偏桅機常活不似中國之定惟使順風若遇無風逆風皆倒桅盪櫓不能轉戧故倭船過洋非月餘不可今若易然者乃福建沿海奸民買舟于外海貼造重底渡之而來其船底尖能破浪不畏橫風鬪風行使便易數日即至也

凡倭船之來每人帶水四百斤約八百碗每日用水六碗極其愛惜常防匱乏也水味不同海水鹹不可食食即令人泄故彼國開洋

必與五島取水將近中國過下八山陳錢之類必停船換水所以欲換者冬寒稍可耐久若五六月蓄之桶中二三日即壞雖甚清洌不能過數日也海洋浩渺風濤叵測程不可計遇山而汲亦其勢耳盥頮沐浴海水山水皆可用或云浴海水令人膚裂近訪之不然但黑肌膚而已倭奴有一秘法煮泉一二沸置之釭缸能令宿而不壞然亦不過半月久則不能也其至普陀必登者非換水亦非眞

欲焚香乃覘兵防虛實耳

倭好 昔賈誼上三表五餌之策知倭國之所好
則餌在是而悟所以制之之術矣故志之

絲 所以爲織絹紵之用也蓋彼國自有成式
花様朝會宴享必自織而後用之中國絹
紵但充裡衣而已若番舶不通則無絲可
織每百斤直銀五六十兩取去者其價十
倍

絲綿 髡首裸裎不能耐寒冬月非此不煖
常因匱乏每百斤價銀至二百兩

布 用爲常服無
綿花故也

綿紬 染彼國花様作
王衣服之用

錦繡 優人劇戲用
之衣服不用

紅線　編之以綴盔甲以束腰腹以爲刀帶書帶畫帶之用常因匱乏每一斤價銀七十兩

水銀　鍍銅器之用其價十倍中國常因匱乏每百斤賣銀三百兩

針　女工之用若不通番舶而止通貢道每一針價銀七分

鐵鍊　懸茶壺之用倭俗客至飲酒之後啜茶啜已即以茶壺懸之不許着物極以茶爲重故也

鐵鍋　彼國雖自有而不大大者至爲難得每一鍋價銀一兩

磁器　擇花様而用之香炉以小竹節爲尚碗碟以菊花稜爲尚碗亦以葵花稜爲尚制若非觔錐官窑不喜也

古文錢　倭不自鑄但用中國古錢而已每一千文價銀四兩若福建私新錢每千價銀一兩二錢惟不用永樂開元二種

古名畫　最喜小者蓋其書房精潔懸此以爲清雅然非落欵圖書不用

古名字　書房粘壁之用廳堂不用也

古書　五經則重書禮而忽易詩春秋四書則重論語學庸而惡孟子重佛經道經若古醫書每見必買重醫故也

藥材　諸味俱有惟無川芎常價一百斤價銀六七十兩此其至難至貴者也其次則甘草每百斤二十金以爲常

氊毯

馬背氈王家用青官府用紅

粉女人搽面之用

小食籮用竹絲所造而漆飾者然惟古之取若新造則雖精巧不喜也小盒子也亦然

漆器文几古盒硯箱三者其最尚也盒子惟用菊花稜圓者不用

醋

按其日本所貢倭扇描金盒子類皆異物也其所悅乎中國者皆用物也是彼有資於我而我無資於彼忠順則禮之悖逆則

拒之不易之道也若徇其求而慫期許貢
無端互市斷斷乎不可

寇術倭奴之勝我兵專以術也即以其術還治其人不必用古兵法蔑不勝矣故志之

倭夷慣爲蝴蝶陣臨陣以揮扇爲號一人揮扇衆皆舞刀而起向空揮霍我兵蒼皇仰首則從下砍來

又爲長蛇陣前耀百脚旗以次魚貫而行最強爲鋒最強爲殿中皆勇怯相㕘

則每日雞鳴起蟠地會食食畢夷酋據高坐

衆皆聽令挾冊展視今日刧某處某爲長某
爲隊隊不過三十人每隊相去一二里吹海
螺爲號相聞卽合救援亦有二三人一隊者
舞刀横行人望之股慄遠避延頸授首薄暮
卽返各獻其所刧財物毋敢匿夷酋較其多
寡而贏縮之每擄婦女夜必酒色酣睡刧掠
將終縱之以焚煙熖燭天人方畏其酷烈而
賊則抽去矣愚詒我民勿使邀擊自爲全脫
專用此術

賊至民間遇酒饌先令我民嘗之然後飲食
恐設毒也行衢陌間不入委巷恐設伏也又
不敢沿城而行恐城上抛磚石也
其行必單列而長緩步而整故占數十里莫
能近馳數十日不爲勞
布陣必四分五裂故能圍
對營必先遣一二人跳躍而蹲伏故能空竭
吾之矢石火砲
衝陣必伺人先動動而後突入乘勝長驅戰

酣必四面伏起突遶陣後故令我軍驚潰

每用怪術若結羊驅婦之類當先以駭觀故

吾目眩而彼械乘慣隻刀上誑而下反掠故

難格

鈀鎗不露竿突忽而擲故不測

弓長矢巨近人則發之故射命中

歛跡者其進取也張揚者其逃遁也故常橫

破舟以示遁而突出金山之圍造竹梯以示

攻而旋有勝山之去將野逸則逼城

欲陸走則取棹
或爲穽以詐坑
或結稻稈以絆奔
或種竹簽以刺逸
常以玉帛金銀婦女爲餌故能誘引吾軍之
進陷而樂罷吾軍之邀追
俘虜必開塘而結舌莫辨其非倭故歸路絶
恩施附巢之居民故虛實洞知
賞豐降擄之工匠故器械易具

細作用吾人故盤詰難
向道用吾人故進退熟
預籍富室姓名而次第取之故多獲
宿食必破壁而處乘高而瞭故襲取無機
閒常一被重圍矣餌以僞鹹而逸之或披簑
頂笠沮溺於田畝或雲巾紵履蕩遊於都市
故使我軍士或愚而投賊或疑而殺良
江海之戰本非其所長亦能聯虛舟張弱簫
以空艘吾之先鋒捐婦女遺金帛以弭退吾

之後逐
凡舟之裙墻左右悉暴布帛被褥而濕之以
拒焚擊交閧閙或附蓬而飛越卽雷震而風
靡矣
寇擄我民引路取水早暮出入按籍呼名每
處爲簿一扇登寫姓名分班點閘眞倭甚少
不過數十人爲前鋒寇還島皆云做客回矣
凡被我兵擒殺者隱而不宣其隣不知猶然
稱賀

倭刀 刀有高下技有工拙倭之富者不恡重價而制之廣延高師而學之其貧者所操不過下等刀耳善運刀者在前衝鋒可畏頗有限也中國人不知望之輒震而避焉擒獲夷刀亦莫辨高下混給兵士故志之 大小長短不同立名亦異每人有一長刀謂之佩刀其刀上又插一小刀以便雜用又一刺刀長尺者謂之解手刀長尺餘者謂之急拔亦刺刀之類此三者乃隨身必用者也

其大而長柄者乃擺導所用可以殺人謂之先導其以皮條綴刀鞘佩之於肩或執

之於手乃隨後所用謂之大制

又有小裁紙設機刀出長門號無常者最

嘉

又有作贄禮賀禮不拘大小名雖爲刀其

實無用

上等

上庫刀山城國盛時盡取日本各島名匠封鎖庫中不限歲月竭其工巧謂之上

庫刀其間號寧久者更嘉世代相傳以此爲上

次等

備前刀以有血漕爲巧刀上或鑿龍或鑿劒或鑿八幡大菩薩春日大明神天照皇大神宮皆形著在外爲美觀者

如匠人製造之精不論刀大小必於柄上一面鐫名一面刻記字號以爲古今賢否之辨鎗劒亦然

卷之一終

日本考卷之二

總督京營戎政少保兼太子太保臨淮侯李言恭
協理京營戎政都察院右都御史兼兵部右侍郎郝　杰　考梓

沿革

天御中主都筑紫日向宮主邪魔維國尹都投馬種類百有餘國奄爲所屬號大倭王傳二十三世彦瀲尊第四子神武天皇自筑紫入都大和州疆原宮仍以倭爲號迄漢桓靈間歷年無主有一女子名卑彌呼者年長不嫁以妖惑衆

共立爲王法甚嚴峻在位數年死宗男嗣國人不服更相誅殺復立卑彌呼宗女壹與國遂定時稱女王國逮唐咸亨初賀平高麗稍習夏音惡其名乃更號曰日本蓋取近日始升之義也秦遣方士徐福將童男女千人入海求仙不得懼誅止夷澶二州號秦王國屬倭國　中國總呼曰徐倭非日本正號其性多狙詐狼貪往往窺伺得間則肆爲寇掠故邊海復以倭寇目之

疆域

原闕

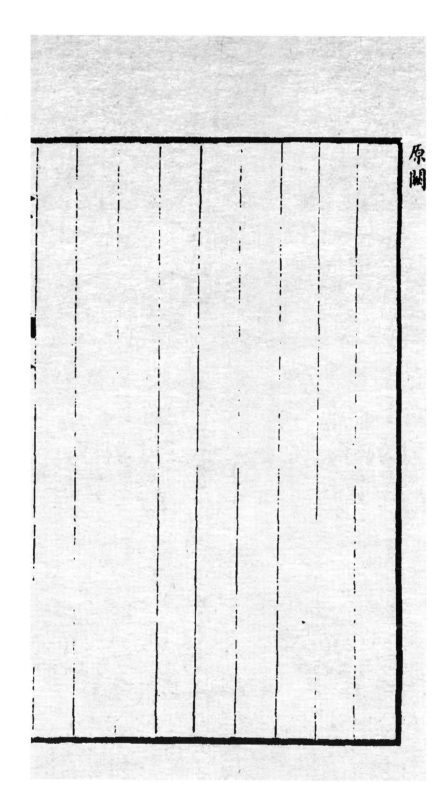

東南大海中依山島爲居西南皆距海東南隅隔以大山廣袤四面各數千里也東北山外歷毛人國至文身國約七千里南到侏儒國約四千里西循一支乍北望眈羅渡百濟到樂浪及帶方等郡約一萬二千里

畿州郡島

畿內所部山城大和河內和泉攝津五州共統五十三郡故曰五畿畿外所部東海道伊賀伊勢志摩尾張三河遠江駿河伊豆甲裴相摩武

藏安房上總常陸十四州共統一百一十六郡南海道伊紀炎路阿波讚耆伊豫土佐六州共統四十八郡西海道筑前筑後豐前豐後肥前肥後日向大隅薩摩九州共統九十三郡北陸道若佐越前加賀能登越中越後佐渡七州共統三十郡東山道近江美濃飛彈信濃上野下野陸奥出羽八州共統一百一十一郡山陽道播摩美作備前備後備中安藝周防長門八州共統六十九郡山陰道冊渡丹後但馬因幡伯

耆出雲石見隱岐九州共統五十二郡故曰七
道共海曲之地又有三島伊伎島對馬島多藝
島共統六郡

國王建都

山城州爲畿内重地本國惟此處山高地厚故
爲首畿東有日野寺極高乃日所升之處昔云
日出處天子是也西有高野山寺此二山如龍
虎之狀拱鎮此畿又畿中有日春大寺樹有佛
殿高二十丈内有鑄銅佛像一尊高一十六丈

國人以爲罕異値時節奔往玩之西海道乃浙海之埠由陸路至山地一千里際行半月到緩行一月到外七道俱設大將軍七員襲分鎮守東海道鎮守衙門在伊勢州南海道鎮守衙門在阿波州西海道鎮守衙門在豐後州北陸道鎮守衙門在若佐州東山道鎮守衙門在陸奥州山陽道鎮守衙門在周防州山陰道鎮守衙門在出雲州七道皆週圍山城京畿在正中入京路程各道相倣南海北陸稍近但東海南海

西海俱係沿海地方其北陸東山山陽山陰俱係山島之地皆多竹木叢林士庶之家以捕獵截木鋸板爲活其西海道地方山少止一養父山居海之中方圓二百餘里更多竹木叢林茶筭之物彼山亦有群官督守名曰地都凡各道犯該死罪而有矜疑者免死發彼官責每一名量給身銀五六兩本官收買入山截木獻板雖有渡海之舟無官憑照不敢私載倘有親人贖身則放無力贖身則老死于山無計可離也

屬國

拘那韓國方可五百里在新羅百濟東南渡一海約千餘里名曰對海國居絶島方可四百餘里山險多深林禽鹿千餘成群户無良田食海物自活乘船南北市糴又南渡一海約千餘里名曰瀚海國方可三百餘里多竹木叢林户三千餘差有良田食不給亦南北市糴又渡一海曰末盧國約千餘里户四千餘濵山海居草木茂盛行不見前人好食魚鰒水無淺深皆沉沒

取之東南陸行五百里曰尹都國戶有千餘又東南百里曰奴國戶二萬餘又東行百里曰不弥國戶千有餘又南水行二十日曰投馬國戶五萬餘又南水行十日陸行一月曰邪馬一國即邪摩維國大倭王所都自是而東而南曰斯馬國曰巳百支國曰伊邪國曰郡支國曰弥奴國曰好古都國曰不呼國曰姐奴國曰對蘇國曰蘇奴國曰呼邑國曰華奴蘇奴國曰鬼國曰為吾國曰鬼奴國曰邪馬國曰躬臣國曰巴利

國曰支維國曰烏奴國曰竹斯國曰秦王國凡百有餘國小者百餘里大不過五百里皆爲大倭王所屬其新羅百濟等國雖非所屬皆以倭爲大國多珎物並仰之通使往來

山川

阿蘇山　其石無故火起接天俗以爲異因行禱有如意寶珠大如雞卵其色青夜則有光

壽安鎮國山　永樂初國王受　冊封境土皆入職方　詔封此山　御製碑文勒石于其上

硫黄山　其下有泉如沸湯但久病癱瘓之人入此浴之其病即痊上出硫黄取之如土賣不過三分百觔

日光山　乃日所升之處其山草木四季皆紅色但日升之初山石有聲至暮或陰雨始静乃日春京之東也其日春京原係春景有春日大明神鎮之至八番菩薩時請我國諸經八部建本能寺供誦始知以日為尊遂改日春京也

土産

金陸奥州出銀出雲州出琥珀水晶五畿内出有青
紅白三色硫黄大隅州海外出水銀丹波州出銅南海
道河波州山出丹土丹後州山出鐵薩摩州沿海黒沙煎出
白珠五島出青玉阿蘇山出冬青木山陽道出杉
木養久山出多羅木養久山出大牛各道出驢
馬俱山東道出羊雞細絹薄綴可愛花布薩摩州出
硯山陽長門州出螺鈿狹于塢出漆以漆制器甚工緻
扇犀象五穀俱全冬夏生盖氣温土腴前木冬青色

國王世傳

國以王爲姓一姓傳習歷世不易初主號天御中主次曰天材雲尊其後皆以尊爲號次天八重雲尊爲號二十二世彦瀲尊止改號神武天皇是後皆以天皇稱傳至開化天皇一十六世嗣絶傳玄曾孫女國稱大柰良姬大神以次應神天皇是歲甲辰始于百濟得中國文字號八番菩薩次仁德天皇又傳至天國桃開廣庭天皇一十四世當此梁承聖元年始傳佛法於百濟次敏達天皇次用明天皇當此隋開皇中也

次崇峻天皇次推古天皇乃欽明天皇之女也
次舒明天皇次皇極天皇次孝德天皇當此唐
永徽四年也次天豐財望日足姬天皇又傳至
文武天皇五世當此武后長安元年也次阿閉
天皇次皈依天皇次聖武天皇當此唐開元四
年也次孝明天皇乃聖武天皇之女次天炊天
皇次高野姬天皇亦聖武天皇之女也次白孽
天皇傳至仁和天皇十二世當此隆德中也次
醍醐天皇次天慶天皇次封上天皇當此周廣

順年也次冷泉天皇守平天皇當此宋雍熈初也至今尚以天皇為號遠不記世世遞來天文天皇乃當世也傳永禄天皇我國嘉靖庚申彼國號天正元年所屬户口五畿七道六十六州三島共統五百八十九郡三萬七百七十二鄉一十七萬餘户八百八萬三千三百有奇課丁

朝貢

自漢武帝滅朝鮮使驛始通于漢三十餘國至

光武中元二年使人自稱大夫奉貢朝賀賜以印綬安帝永初元年倭國王師升等獻生口百六十人願請見是後倭韓俱屬帶方郡也魏景初二年既平公孫氏倭女王遣大夫難升米等詣郡求請天子朝獻太守送詣都乃以金印紫綬封為親魏倭王難升米等並拜中郎校尉假銀印青綬勞賜優渥平始八年倭女王卑弥呼與狗奴國男王卑弥弓乎素不合遣使詣郡說相攻伐狀遣塞晋椽史張政等齎詔告諭之卑

弥呼死宗女臺與嗣遣使送張政還因獻男女生口貢白珠異文雜錦晋武帝安帝文帝時俱遣使入貢至隋開皇二十年遣使詣闕求法華經大業三年遣朝貢使者曰聞海西菩薩天子重興佛法故遣朝拜無沙門数十人来學佛法國書曰日出處天子致書曰日没處天子無恙云云帝覧不悦明年遣文林郎裴世清使倭國其王遣小德何大禮哥多毘從二百騎郊勞設儀仗鼓樂迎至彼都其王與世清來貢方物此

後遂絶至唐太宗貞觀五年遣使入朝帝矜其遠詔有司無拘歲貢遣新州刺史高仁表往諭與王爭禮不平詔不宣而返久之更附新羅使者上書永徽四年其王孝德即位遣律師道照求佛法獻琥珀碼碯時新羅爲高麗所暴高宗賜璽書令出兵援顯慶三年天豐財遣僧智通輩求大乘法相教越明年天智遣使者偕蝦蛦人朝咸亨元年持總遣使賀平高麗長安元年文武遣朝臣真人粟田貢方物求書籍武后宴

之麟德殿授司膳卿還之開元四年聖武復遣粟田肇請從諸儒授經詔四門助教趙玄默即鴻臚寺為師獻大幅巾為贄悉賞物貿書以歸其副朝臣仲滿慕華不肯去易姓名曰朝衡歷左補闕久乃還後建中元和光啟等年常貢不絕宋雍熙元年守平遣僧奝然與其徒五人獻銅器十餘事并日本職員年代紀一卷上召見存撫甚厚賜紫衣給鄭氏註孝經一卷記室參軍任希古撰越王孝經新義一卷印本大藏經一

部越明年附台州寧海縣商船歸後數年遣弟子奉表謝又別啓貢佛經并方物咸平五年建州海賈周世昌遭風飄至日本七年還與其國人滕木吉至上召見之以國詩獻其詞雕刻膚淺無取賜裝錢遣歸景德八年僧寂照等八人来朝詔號圓通太師賜紫方袍天聖四年明州言日本國太宰府遣人貢方物而不持本國表詔却之是後不通朝貢南賈傳其貨物至中國熙寧五年僧誠尋至天台止國清寺願留州以

聞詔使赴闕獻銀香爐木槵子白琉璃等物神宗以其遠人而有戒心處之開寶寺并賜僧伴紫方袍元豐年明州又言得其國太宰府牒因使人孫忠等還遣僧仲回貢色段二百疋水銀五千兩州以孫忠乃泛海商人且貢物與諸國異請自移牒報而荅其物直付仲回東歸從之乾道五年附明州綱首貢方物淳熙三年其國人泛海遭風飄至明州無口食詔給之又有百人行乞于市至臨安詔守臣支給津遣明州養

贍候有便船發回十年七十三人飄至秀州華亭紹熙元年飄至泰州詔見行貨物免抽買舟悉與給還仍給常平賑恤慶元六年至平江嘉定二年至定海詔並支給錢米養贍候風便津發宋自中葉歷又無貢元世祖遣使招諭之不從乃命范文虎率兵十萬征之至五龍山暴風破舟敗績終元之世使竟不至逮

國朝洪武四年國王良懷遣僧祖　朝貢七年復來以無表文却之其臣亦遣僧貢方物不恪

却其貢僧人發陝西四川各寺居住著為訓示
後絕不與通至三十五年復來　詔定貢期約
十年一貢
太宗嗣登大寶國王嗣立受　冊封自是或二
三年或五六年貢無定期皆詔至　京師燕賞
優渥稇載而歸是以其貢而來也于利不于義
往往各道爭先受遣之為幸正德四年南海道
刺史右京兆大夫細川高國強請勘合遣使宋
素卿貢正德六年西海道刺史左京兆大夫内

藝興強請勘合遣使省佐貢嘉靖二年各道爭貢國王源義植嗣位幼沖勢不能制大內藝興遣使宗設謙導西川高國遣使瑞佐宋素卿交貢船舶寧波港互相抵毀宗設謙導等特忿執銳讐殺宋素卿伴從追至紹興所過地方莫不搔動十年復來貢二十二年西海道遣使長門僧人福師駕舡三號來貢一號遭風壞于半途二號救載壞舡人從返止一舟行沿松門衛送至定海 詔令四十人 朝見燕賞如舊二十

七年復遣原使侵貢却之彼欲將貢物易貨載回
替海衛門不容叱歸由此禁絶海商以致海舡
閭閻商賈失務三十二年間因而起釁構黨犯
津作耗浙直大遭其殃　總制大司馬胡公命
謀士蔣洲陳可願詣國徵　詔諭以言歸責于
王彼原不知所犯作耗者皆海內流商舡户之
類非真倭也三十六年遣使僧人清守清乘稱
貢因其所貢無恪又以先年將二僧留在四川
寺内從伴令歸自此每每拒絶不通

貢物

馬　盔　鎧　劍　鎗　腰刀　琥珀　硫黃

蘇木　牛皮　貼金扇　灑金廚子　灑金文

臺　描金粉匣　灑金手箱　塗金粧彩屏風

抹金提銅銚　灑金木銚角盥　水晶數珠

貢船開泊

本國七道三道額定造船　朝貢南海道應貢

土佐州造船至秩子塢開洋山陽道應貢手周

防州造船花旭塔開洋西海道應貢豐後州造

舩五島開洋但海外有秧子塢養父山塢葉落埠三島乃海之咽喉琉球及南海道貢舩必由此而分行南行係琉球西行至大唐惟西海道五島開洋此島又為秧子塢三島之總喉西行至中華北行至高麗由此島至中國普陀山隔海四千里如得東北順風五日五夜至普陀山如風静寧息程途有限如值逆風卸却篷帆任其蕩行力不可挽倘不幸遭暴風壞之後回本國造舡再行如不壞舩縱風不便不過半月有

餘已到中國來貢之舟每泊台州定海請驗勘合令其收拾兵器貯庫移至寧波佳賓堂給贈住候　朝命詔至留從伴一半守船一半入京朝見寧波市貨彼國缺者肯重價買之故此地若貢使至得其利　朝罷與各同返燕賞之物與守船者均之

君臣禮節

君臣上下之分大較倣中國但服用政令與中國殊王居室無城廓持兵守衛冠至隋時始製

以錦綉為之而飾之以金玉以天為兄以日為弟自任以天于天明時聽政跏趺坐日出輒停朝會陳設儀仗音樂隨朝近侍文有三公皆世其子武有三公亦世襲也文三公各候王政徹宣入琴棋詩賦以為消遣無議國政武三公各分提督在畿山海等項政務以下僚吏皆世其官銜分大德小德大仁小仁大義小義大禮小禮大智小智大信小信十二等官俱歸文武三公節制各分款類督理政務王無內使太監止立

一后妃嬪不過三五多用女使生子亦呼太子長亦分居遇時節大設朝賀畿外所部者皆武臣也例定一年一進朝見并貢谷屬銀粮有王好遊獵者或三五年一次出畿遊玩所屬州郡設若王無出嗣遂立女為主次立女之世子即位雖至親宗族不敢僭其位矣

設官分職

在京文武品從以坐薦分其大小如一品官之座設薦九層二品八層每官下品減坐薦一層

如九品雜職座止一層也在外七道額設七員大將軍各道分鎮所治之地竪以旗號上書大將軍三字彼音呼為耶革苔一道所屬州郡官一年一度至大將軍處總進錢粮大將軍三年一度入朝上貢錢粮若自巳懶于遠涉倩子姪代朝王亦不較止要錢粮數足為悦州官銜曰掌州郡官銜曰地都亦有粮里地方總甲等項各道州郡即土官也皆世其子且如長子既襲居官不才僚友共叱去另舉次子或姪可堪出類

者代之止往大將軍處驗其誥命給牒管地方其首領頭目皆聽委役

染牙

其土官本身宗族子姪并首領頭目皆以銹鐵水浸烏梧子末悉染黑牙與民間人以黑白分其貴賤女子年及十五已上不分良賤亦染黑牙始嫁

內俗

其土官之室名曰國袍梳粧面粉唇脂衣裙相

似其髮披後抵背髮尾總束一髻皆搽油水以取光淨於宗泒中或始婿之稱親選其美女千餘不令嫁贅留伴官妻民稱為太奶奶本官妻民止稱奶奶其衆女與其官室日則同食夜則分班陪寢凡出與衆女皆乘轎內用使女名曰妃子但民間之婦與夫反目婦告于官終身願投為侍妾者官遂容留冬夏給衣日給升米養之有至一二百者以為少亦置卯簿一扇聽憑伴侍太奶奶點分班次日侍茶飯夜赴伴宿內有

淫色之婦悉搆太奶奶或以詐病探親爲由暮夜告假賣姦官雖嚴究難除内亂之私盖本國男少女多故籍此玷也淫汚之私不能悉記民間多有夫婦不睦女有嫁者令婦無可婦者各分其居與夫同起家事亦聽均分雖有子孫老而不睦者各從其姓不由阻也

徵粮

額無定數所治國地皆屬于官民力耕種秋收花利官一民二分之其國粮論其歳之凶豐每

畝凶歲納粮一升豐歲二升甚重不過三升以郡轉上於州以州轉上大将軍大将軍總上于王其民間居室基地總照田畝供官之粮又止國稅惟庵觀寺廟等基并園地等項官不分稅園不取稅任其自種自收也

法度

法所嚴者山海強刼等盜捕獲既到究其根贓如不直供令從卒執強弓以弦鋸頸或令犯者沸湯中取石或置蛇于甕中令犯者取之使其

怯惧招明贜証不時請命而戮之無牢獄鞭撲之刑凡輕罪所覊寺廟之中証明即釋竊盜計贜倍酬其物如家事不敷即沒其妻奴如不服輕則逐流外境重則照強盜行鬬毆殺人償命有等凶暴之徒既已殺人將刀橫剖其腹以免經官之涉雖官捕訪聞不究呪咀他人則彼人持刀立殺隣里証明不坐究徒之罪姦情捉姦夫并妻殺死亦不坐罪或姦夫離其姦所法不容誅謀叛等項亦稱十惡其餘犯死者未獲到

官知風逃竄入寺官捕則罷擒之若遂削髮爲僧則終身不究矣畏佛法以過國法是如此也其戶婚田土告官理正者飯正理詘者罰之不加杖責皆以罰物多寡爲之勝負賭博獲其開場之人斬首家私沒官對賭者斬右手不然重罰之僧道宿娼還俗或姦良家婦女獲之即戮

官出巡

凡官出巡地方大官以轎次官以馬再次下官步行俱選長大勇卒一員披髮手執偃月刀引

導途有下民見之則知迴避轎馬之前多令卒從擺列刀鎗棍杖亦有前呼後擁之勢官往不行衆卒皆蹲踞官行衆起官至所部州郡鄉村屬民皆蹲踞而迎設席請坐衆卒皆跪膝候官理政令或茶飯畢官起衆卒方起行但整點人馬等項俱以海螺吹聲為令無鼓進金退之則

風俗男子

男子斷髮魁頭黥面文身以左右大小為尊卑之列衣伊襦横幅結束皆拖縫綴上古足多跣

首無冠中古及今皆設其履名曰法吉木那形
如屣潦其上面繫其足寒置短與皮襪名曰単
皮一身以紙表成上平天下横濶夾青紙一幅
掩其轂道以布或紬縫成小袋囊其玉莖名曰
法檀那和皮上穿其褌徼露夾紙但遇時節會
親友赴宴穿方袖長大敞衣袖下以絲線為襦
若官長腰用段絹四層縫連一帶濶四寸長丈
餘拴之名曰和皮其苗戴斜方段帽若黍角形
名曰蒲西以線帶拴于地閣因無髮恐冠不正

耳庶人衣服同無絹腰用顏色線結成帶濶寸餘長丈二拴之亦曰和皮以便帶刀出入之故凡出倘遇親友生者于途則卸其履令從者執之跣足而過無從者則手攜履而行離其坐處始復穿履若生者見其來人遂起立則行入穿履搓掌而過是為恭敬也但至親友之家皆卸履于門外跣足而入也

婦人

女子富貴者披髮緇紒貧常以髮束髻以便工

用衯生以丹扮身象龍子以避水妖首不用金
銀為餙耳無環梳粧面粉唇脂富貴以金銀造
簪寶物挽髮名曰華眉素若貧者以銅錫骨用
造簪其名同手閘用戒指名曰衣皮揩泥衣如
單被穿其中貫頭而着之段絹衣名曰骨聳地
布曰吉而木那下身亦衣裙襦名曰加福尋常
內不着裩凡出入庶人之婦無轎乘馬始穿其
褲以備露形其足不裹任其生成亦無脚帶纏
之鞋以皮染彩裁條結如涼鞋面底用皮包席

名曰恭蛾又曰十吉利其工亦能刺綉縫裁養蚕機織烹炰見賔客公姑伯叔親族皆合掌鞠躬為禮但婦取水以桶頂首而行所置桶底造頭頂之穴以其便也

婚姻

上古婚姻不取同姓男女兩家自相愛悅而為夫婦中古及今皆仗媒使以禮聘娉始為姻嫁東家有男西家有女年序相等先求媒使名曰乃隔達知至女家通說女家必先佯辞待男家

三懇方允遂辦茶食段疋餽送爲定婷親曰依
何外世貧者布疋無猪羊財物之物侯嫁娶之時男
家選吉日托媒先報女家至期女家揑壻過門男家
帶令工從賫帶果品酒食至女家倶酒食畢或
布巾之類先犒賞男家從者待吉時至遣壻與
女仝行官家以轎富家以馬貧家令從者背負
之女家亦令多從賫送酒果之類到男家女下
轎馬必先跨火然後與公姑相見初無拜跪之
禮上合掌鞠躬令亦知拜俯之儀禮畢通宵筵

席女家從者男家亦以犒賞之即各散訖男家不費財禮止用酒物段疋女家不設粧奩止有童僕從嫁娶曰搖容木草兮嫁曰木哥獨里

便宜婚姻

假如東家有義男西家有義女兩便婚姻在朝男待男之家主女待女之家主至暮男女同宿不索財禮若孕生男聽分與男家主議給乳銀一兩若生女聽分與女家主母隨父姓女隨母姓以取兩家之便宜也

生育

生育諒其孕婦産月臨日預選吉日擇其方向於天井或後院僻静處所結盖一小舎名曰生衙令孕婦居于舎内候産既生之後水火飲食之類皆禁于夫兩不相通忌戒月逾方同寢食若生男女之初必密請一友認爲義父如不從強求之子之親父執一簸籃送弓一張箭二矢請義父将籃射三回却将弓箭簸籃遮鎮子臥之處以壓其邪三朝名曰密革那以外用艾丸

如米大于所生之孩兒頂中灸三焦以保一生無恙備酒品款待義父及鄰族親識七日名曰南華那以外分與子沐浴設酒人宴亦如之月半名曰壽吾儀之以外與子沐浴請人滿月名曰三壽儀之以外剃其胎髮令子母淨浴同夫寢食始週無其誠禮待子年支十五已上親父厚備禮物或至一二百金送子歸于義父之家叩其義父斷髮魁頭彼之義父量其原送財物外加一倍并子送歸親父由此兩爲至愛休戚

相關若生女其義父様髮禮亦如之

喪事

其喪舉家悲泣不飲酒食肉以白布置衣褁頭不拘富貧俱置其龕子令七人合掌坐于龕内外縫以紙糊之上書大乘妙法蓮花經七字遍龕封貼却將白布盤繞于龕上用絹段爲彩親友鬧喪請龕而吊次選日殯出預于坟所編一竹城外以白布絹段帳結于城分其東西南北四門倩八人頭盔衣甲手執鎗刀扮爲門神分守

四門俟其殯出用扛擡龕皆用白布裹扛使孝子親擡如止生一子女壻外甥代之至親皆扶殯而行殯前排紙旛二三十竿旛上書其大乘妙法蓮華經七字外設香亭一座名曰設孫臺令一人在前撒銅錢而行名曰買路錢撒地之錢任其貧乞者拾之富貴之家令一義男爲從殯將亡人平昔所好而食之類置一圓食籮令從瘞者頂首而行殯至坟所按吉方擇門而退擡繞三匝正中安下俟親友送殯者至喪家預

買草履千餘湊待親友至坟所請卸自履皆穿喪家草履入竹城詣龕合掌鞠躬衆謁畢客出仍穿自履喪家草履復卸原所親友事畢請僧唱經俱以禮物酬謝訖再有乞丐至厚薄賞之俱完次將竹城週圍架起乾柴門神孝子各執長竿以火焚之柴盡復添白衣草履之物盡燬于内務燒三日三夜以爲至孝另將灰骨和泥送在寺中按于神腹前從葬者令入寺内燒香奉佛永不令歸貧者無力可焚亦于竹城内埋

之畢挈家人水藻滌以祓不祥色衣而歸以取
吉利

祭祀

新正先祭香火次祭門神井灶三月三日九月九日名曰設孤之節各至坟所祭祀皆以牲醴果品粢盛無紙錢銀錠之類祭畢所供之物盡撒于野而不持歸亦不就食或給乞丐如不遇乞者任其鳥食鴉飡如人亡之後亦按逢七次祭祀主期死期祭亦如之家庭祭物請隣族分

食之為敬其孝也

貿易

買賣亦用銀金銅錢交易憑経紀名曰乃隔依理今用之銅錢乃鑄天順永樂洪武三樣每銀一两換錢三百三十三文為則零用以三文抵白銀一分總錢一千称為一貫值銀三两由琉球髙麗以得中國之錢為樣本國照樣鑄之日用柴米油塩菜蔬等物皆肩于市貨之各色貨物除鋪店不移者其各處地方皆有集市例定

日期大小貿易皆運至集交易等子天平與中國相同所用白銀餅如鞋底無元寶錁錠亦有倣銀外用銀皮包打停當若不剖辯儼如白銀令之商賈知有僞銀皆鑿開以火燒辯每米一石常價一兩以一石較之中國之斛約有三石絹段有花素之分每素絹值銀二兩花絹值三四兩如大紅絹段值銀七八兩布有冬夏其價不等多不過七八錢段絹布疋總不滿三丈每絲一斤值銀二兩五錢其餘貨物皆依時價無

定額矣

時令

新正名曰少完之以正字呼爲少音完之即月也敬天地祀鬼神以松栢插門乃取長青之好朔日賀歲從尊至卑禮節如口云紅面的例乃陽光普照之言千首萬世乃千春萬歲華蓋華蓋長比少年乃通國俗語也正月十一日聚少壯之人射戲飲酒名曰三盖木禮元宵名曰默之壽五例不興燈但街道鄉村兒童年及十五

十八九歲已上者各取柳枝去皮雕成木刀以皮復外纏于刀上用火燒黑去皮以分黑白之花名曰荷花蘭密再取荆棘之條插供香火神前次集各童手執木刀隊鬧于途凡有婚久無子之婦將木刀遍身打之口念荷花蘭密必使是婦當年有孕生男每驗襲為常例若人之婦喜悅如聞其聲讓侍立于門衆童則善舞之若避之不欲率衆擊門而入覓婦挨擠亂打縱致傷命亦不厲法三月三九月九名曰設孫節婦

端午名曰少蒲亦有葛艾雄酒之設七月半中元令節大家小户皆與天燈用高竿以繩拽上名曰拖録六月廿九日名曰爲義壽各集人衆掉其小舟彩旗鼓樂至海迎潮競其先後以分勝負取其吉利冬至敬祀如年除夜守歲物物皆新置泥盞碟器盛祀神之物迎春亦同但無春牛芒神之像

待賓飲饌

親友至訪侍立門外呼云木那庅乃人在否之

言內云獨里乃云是誰之荅各通姓主出迎卸履于門外携手同入揖掌鞠躬畢席地而坐主人令從以槀盤貯米上用香橙為心週圍以果列于米上奉上客止取米數粒食之然後奉茶無料餌之物倘遇新歲客至坐地大家小户俱置千歲瓶富貴者金銀造之貧者瓦瓶用金箔貼之用瓶貯冷酒令一人執盞從尊至卑各先飲五盃然後另設酒餚通國無卓邇今置小卓止供讀書寫字雖官長設席止多用槀盤盛饌

每客之前一盤加餚再另加盤所用器物或木或磁筯用栢木或梧桐木置之敬客采一樹葉以挿其筯食罷一飡筯遂投之餙饌以鹿脯魚物為常品海味甚多不食雞謂雞乃德信之禽無牛脯以為牛代力之牲不忍食粉麪之物與中國大略相同米飯用大木碗尖盛倶食將平又添其尖務以尖滿為敬飲酒中間亦好歌唱猜枚行令渺似中國之風官長設宴將殘必令女使執盞奉酒始為至敬也

出海通番

常有唐人用幾千金令精巧木匠造至大之舩名曰舩主但各國客商下海通番有本銀一萬先償舟價二千本國州郡官先索商稅止知稅銀而不稅貨且如商賈挈本下國往西番大唐等處買賣約日登舟報官差卒捕至舟逐一搜過允得商人本銀一萬額定稅銀一千方容出海若買貨回任憑貿易毫忽無侵海內行舟患防划舡結黨搶奪一大舩出海必帶勇從百餘

多備器械方行划船訪有出海商舟糾集野棍百餘共棹划船數十圍住大船各逞強橫搶死抵敵如大船勝小船各竄方免其掠若划船勝必遭其擄大船雖勝划舡必不空散追至大舡之前齊齊擺列稱為護送下情求賞必須厚犒撈之始止其擾如不然纏無休息往返難免其患划船既得其利各從野散雖官兵嚴捕勢難禁矣故下海之舟俱各預防

商船所聚

國有三津皆通海之江集聚商船貨物西海道有坊津地方有江通海薩摩州所屬花旭塔津有江通海筑前州所屬東道有洞津本國鄉音曰阿乃次以津呼次是也有江通海係伊勢州所屬三津乃人煙輳集之地皆集各處通番商貨我國海商聚住花旭塔津者多此地有松林方長十里即我國百里之狀名曰十里松土名法哥煞機乃廂先是也有一街名大唐街而有唐人留戀於彼生男育女者有之昔雖唐人今

爲倭也三津惟坊津爲總路客船往返必由此地而過花旭塔津爲中津地方廣濶人烟湊集商賈等項無物不備洞津爲末津地方又遠與山城京都相近貨物或備或缺不一

居室

房屋低小罕有樓閣門基覆不用瓦俱以板蓋上加油灰抿抹則無滲漏年久板朽再倍其板以板壓板以屋板蓋高疊者則爲故舊之家粧修墻壁皆用木板爲心外以泥灰粉之貧者以

草結苫爲壁男女皆異室亦分中堂客座卧房
厨房官宅門壁相類但地以白沙鋪之乃爲潔
靡雖皇宮殿室上不蓋瓦下不砌磚蓋本國泥
土不膠是以無磚瓦匠之故也

公文

文移俱寫本國鄉音草書多真字少近來亦用
硃筆批判不用印信止以花押爲記照驗封固
緩則着鋪遞送速則以州遞州以郡遞郡在途
亦有夫馬應付之類文書曰饒鋪遞曰對鋪不

計程遠近但遇鄉村人煙多處即設舖舍傳遞公文值舖之役皆于户口内取用舖兵名曰飛駕古

三教

上古絶無文字惟刻木結繩以爲憑劄自魏隋時五經佛法得自中國酷信佛經今雖略知文賦尚無學校開科之設富貴之家送子讀書名曰摇目啓蒙所讀者名曰以路法共四十八音以學寫字名曰華古亦寫以路法四十八字有

清濁之分可以通用一應字體皆以草書爲熟
呼音與中國大異民間子弟識中國眞字者甚
鮮惟釋教得中國經文傳始通眞字但　朝貢
必于寺中選僧人封賞名號領表来　朝是以
此教愈通中華事體唱經禮佛音樂之類皆做
傚中國規模彼國官家子孫皆肯捨送出家披
剃不給牒和尚名曰袍道士雖有道士不識經
文止曉祜香請神祭祀彼國從道者鮮矣道士
名曰法戸里三教以釋爲尊設有犯該刑罪綁

而欲殺者得僧至以袍袖阻之則免戮矣

九流

朝有陰陽生名曰挨里由吉朝用占卜士名曰挨里木師風水士名曰三和吉有良醫亦知疹脉採病下藥名曰骨栗里治人病愈量其貧富厚薄酬之但本國藥餌雖全常服不効無甘草每遣　朝貢使務得　大明藥餌牛黄射香以為至寶若甘草百斤值價三百金本國醫人得有中國藥料為上等良醫名曰醫煞無欽天監

造曆日係陰陽挨里由吉春夏秋冬四季十二月建六十甲子歲月相同月大月小間有差訛是以太隅并前後豐州薩摩州與琉球運界每年得　大明曆日擇吉凶用事歲漸通行迯来大小月分可得正矣曆日名曰果揺容命士名曰法蓋手有生家出帖者有等手執筭盤帶從者偕行口呼胡来也筭後從則云釋伽㕓部士乃誇十分高妙之言人知諸人推筭亦依年月日時以斷吉凶師巫之術甚少戲耍之法頗多

非正務故不考錄

百工器械

木石銅銀錫鐵綿花織染油漆描金車旋泥水裁縫裱褙等匠俱有止缺庵匠房屋頂不盖庵地不砌磚因無匠也雖有窑匠止造缸罈鉢甕等器鉄匠能制利刃非獨取鋼為利生鐵久鑄久煉成而復毀毀而復成朝專煉煆暮入湿泥如此一百二十日之工成其刀可以吹毛削鐵也上古倭刀以年久者為貴迩来新鑄之刀儘

為利矣今之利刀以柄鑿名不記名者則尋常
之器耳烏銃原出西番波羅多伽児國佛来釋
古者傳于豐州鐵匠近来本州鐵匠造烏銃一
門價值二十餘兩用之奇中為上其别州雖造
無此所制之妙其價所值不多火藥亦得真傳
用梧桐燒炭為須次取焰硝滚水煮過三次硫
黄擇其明净者和勻每銃用藥二錢多彈遠中
四季各有加減之方一銃總按三彈横直分發
皆火藥之秘法也皮匠以皮造甲專以麂皮染

彩裁做短襖皮襪甚為精緻上等者價值七八錢中等四五錢下等三錢官民總穿無禁描金匠最能巧畫器皿是以具為貢物其別工匠與中國庶幾也

娼優隷卒

畿内娼家集居一街站門接客内有嫖客簾外卸履倘子弟至見其有履則知内有孤老遂止入也畿外地方無官娼皆係宦富之家使女日侍家主夜出賣淫不覓厚利止充衣粉之資如

投得一遠客則終夜不易客去始方別投娼婦
名曰倭家例忘八名曰低使優纖外俱有登場
扮唱戲文子弟故事亦有張良韓信諸家之套
曲詞說白皆係本國鄉音唱曰嘔打扮戲曰奴
隸於民間十家牌內抽一壯丁跟官聽役倘選
無伶俐可役者十家共顧一人代之亦有積年
久占之徒隸曰州健卒于軍中選擇勇丁常川
食粮跟用防禦操演亦有起止暇日入山打圍
故多鹿麂之鋪人家以為常品軍卒曰和多目首

日本考卷之三

總督京營戎政少保兼太子太保臨淮侯李言恭 考
協理京營戎政都察院右都御史兼兵部右侍郎郝 杰 梓

字書

本國自古及今尚無學校雖有字書全無真正字體而官民子弟幼學皆從師於釋教雖釋教頗通　中國真字但本國慣以習草爲常以真正字書視非切要故不習耳且通國公文私劄絶無真字悉用草書童蒙初學止四十八字名

曰以路法以四十八字分別清濁之音一應諸書文俗之言悉皆通用本國之人間有精熟四十八字能變通字體者即爲飽學也及考諸書草草之中間有一二字樣與　中國相似本國文意頗同而呼音又異今將啓蒙四十八字音註明確集成草字于後另將我書四十八篇另分呼音讀法釋音切意妥貼辯證別分一卷以便彼我國人之易譯也

以路法四十八字樣音註 清濁變用

い	音以兮一伊異通用
ろ	路魯六盧跎羅落通用
は	音法白拔敗排拜通用
に	音尔尼義宜你通用
ほ	音浮復福伏泊通用
へ	音血穴別邊遍便通用
と	音多墮陀獨秃篤通用
ち	音地七之吃即席通用
り	音里利立烈劉通用
ぬ	奴怒度糯捺户通用

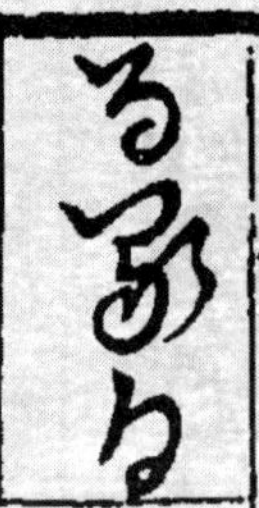
音而二

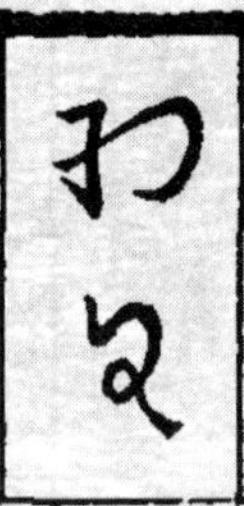
音外活話黃華坑通用

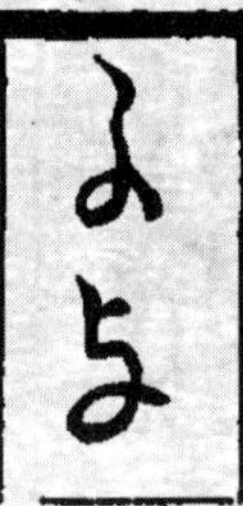
音搖要耀玉欲通用

音利里礼力立連列通用

音子紫此茲亂辭慈通用

音乃奈拏鬧通用

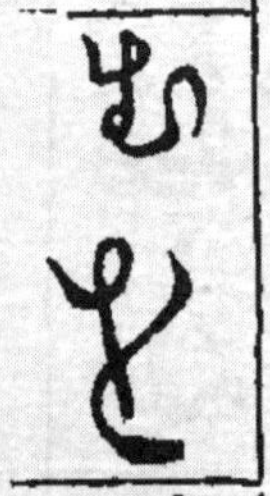
音和賀紅渾倭呵通用

音華客角楷開俺各隔通用

音打他大坦達荅帶通用

音盰迷宿促挫佐坐足通用

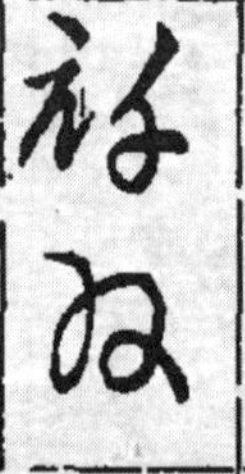
音揑業逆年儼通用

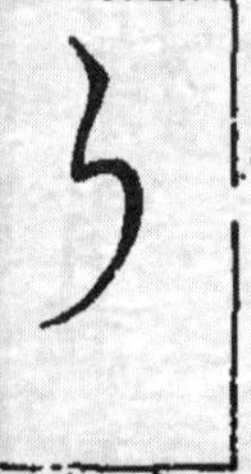
音郎賴懶樂爛落老通用

む 音木莫目摩磨母通用

ゐ 音意衣以矣義通用

わ 音和或訛我我

屋 や 音養羔羊耶也奚業通用

き 以 音計傑絜吉結及刼通用

こ 也 音過哥可蛾谷果通用

う 音戸胡烏姑鼓五通用

の 乃 音那平聲奶乃

く 音過忽骨或古通用

ま 滿 音埋蠻謾瞞馬麻通用

ふ 福 音復勿福否卜北通用

え 江 音夜月越日元出通用

て 音天鉄叠敵迭佚牌通用

そ 音索作昨殺者酌通用

ゆ 音由有友憂油又通用

み 音覓密鼻昇滅通用

ゑ 音葉饜遠願園源通用

ひ 音盧許皮肥被彼比

せ 音設丸舍手赦石折淅

京 音交朝招喬焦消小肖

お 音挨阿哀呆安寒俺汗通用

き 音氣絜吉乞翕結通用

め 音眉迷妹滅密免眠西通用

し 音失識十式西姐試詩施通用

も 音水貌夘末日通用

す 音事四思系次寺辭自通用

岩衣山帶

果結衣木氣打而以外和

こけ衣女きや郎にあ

外索木華賴天氣奴氣奴

そ浪毛奴えき女き女

山尼和皮和事而容乃

山に於ん於すゝ可郎

呼音 衣過路木山 陽脉

讀法 果結過路木氣打路依外和索木華賴鉄氣

奴氣奴陽脉尼和皮和所而華乃

釋音 果結苔塵蔽衣 正音 氣打路穿依外和 岩

外 助語 索木華賴沒頭領氣奴氣奴 霧草

山 正音 尼 助語 和皮帶和所而華無腰

切意 苔蔽岩穿衣沒領

霧横山繫帶無腰

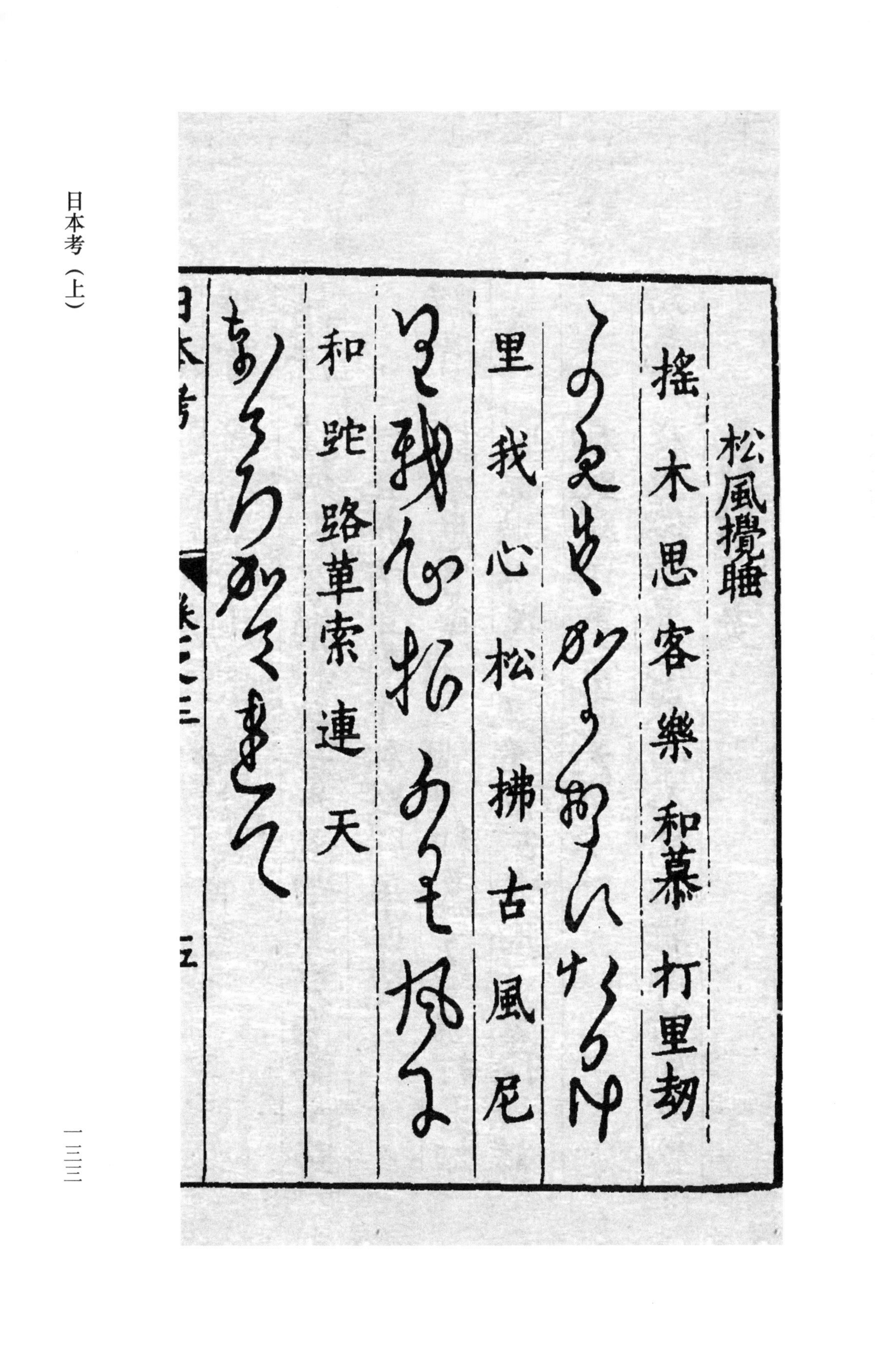

松風攪軸

搖木思客樂 和慕 打里刼

[illegible]

里我心松拂古風尼

[illegible]

和跎 路草索連 天

[illegible]

呼音　我黄俺心箇路松埋上風華熱

讀法　搖木思客樂和慕亐打里刼里黄俺箇、路

埋上拂古華熱尒和駝路華孛連天

釋音　搖木思客樂夜坐困睡和慕亐思念打里刼

里不快活我心正音拂古吹風正音尒助語

和駝路睡華索連天驚腥

切意　夜坐倦猛思念我心不快活睡倒時風吹松

動驚醒難安

秋田曉露

秋耶田那華里復那一和

秋田のかりほのいお

那多麻和阿賴容我夜

とまをあらみ我衣

鉄尼露尼奴里漬〻

ては露にぬれつゝ

呼音　秋阿氣田塔我黄俺花過木路露紫油

讀法　阿氣那塔那革里復那一屋那禿麻和阿頼迷黄俺過路木鉄尼紫油尼奴里漬〻

釋音　秋田正音那助語革里復那收稻一屋那舍禿麻和盖舍薦阿頼迷稀漏我衣正音鉄手袖露奴里漬〻

切意　秋田收稻　結舍看守

盖薦稀疎　我衣濕透

鹿悲紅葉

遠山尼木密之勿密外計

遠山にもみちふみわけ

乃姑失華那那可葉吉古時

なくしかのこゑきくときは

活秋所華乃失氣

は秋そかなしき

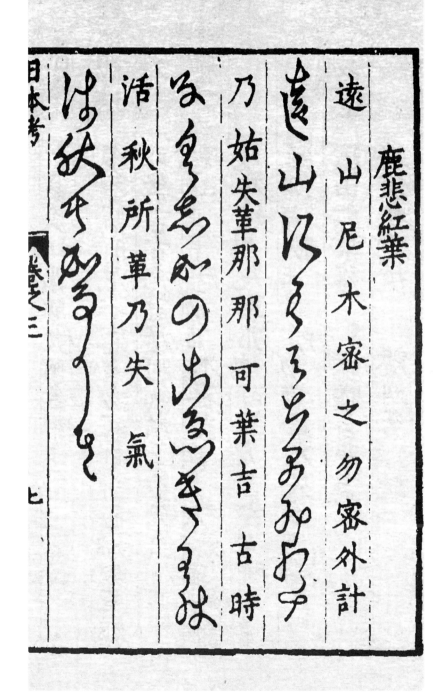

呼音　遠多委山　陽脉秋阿氣時秃計

讀法　多委陽脉尼木密之勿密外計乃姑失華那

可葉吉古秃計活阿氣所華乃失氣

釋音　遠山正音尼助語木密之紅葉勿密蹭外計

悲乃姑鳴失華那鹿可葉聲吉古聽時正音

活助語秋正音所助語華乃失氣苦吽

切意　遠山紅葉落　鹿蹭自悲鳴

時值秋殘後　聲吽苦难聽

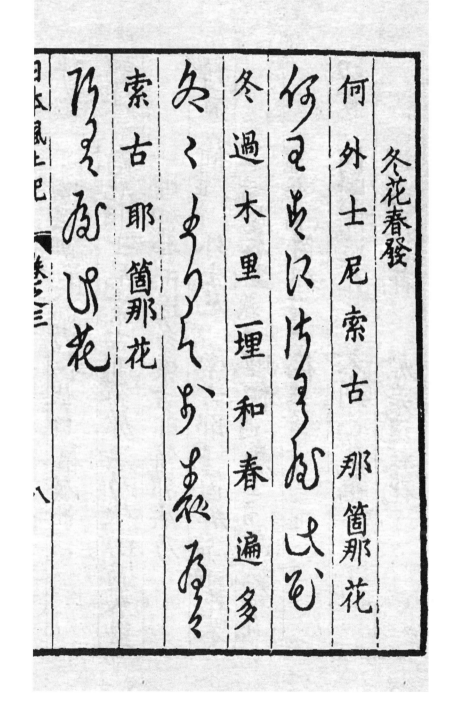

冬花春發

何外士尼索古那箇那花

[illegible]

冬過木里一埋和春遍多

[illegible]

索古耶箇那花

[illegible]

呼音　何南尼那花法乃冬伏田春發而

讀法　南尼耶士尼索古耶箇那法乃伏由過木里

一埋和發而遍多索古耶箇那法乃

釋音　何正音外士尼園索古耶開箇那這箇花冬

正音過木里藏一埋和遇春正音遍多索古

耶俱開箇那這枝花正音

切意　何園開這花　冬到已藏華

遇春開遍苑　原是這枝花

年内立春

年那内尼春外氣尼結

年の内に春はきにけり

里一獨世和所箇夏也以外奴

ひとゝせをこそとやいはむ

今年多也以外奴

今年とやいはむ

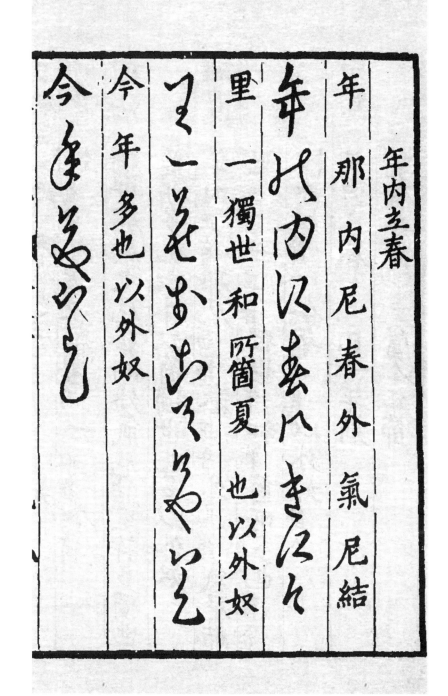

呼音　年獨世内屋之春發而一血多今箇

讀法　獨世那屋之尼發而外氣尼結里許多獨世箇所多也以外奴箇獨世也多以外奴

釋音　年内正音那尼助語春正音外助語氣尼結里立了一正音獨世年和箅箇所多也舊年以外奴節令今年正音以外奴節令

切意　年内立春　巳一年別

箅舊年節　當今年節

新歳舉筆

阿頼玉那尓那發十容那

はらも乃年にまめ代

筆立尼萬那大盖頼和

筆立江萬乃代はまた

華氣揺四而世

かはるよ乃

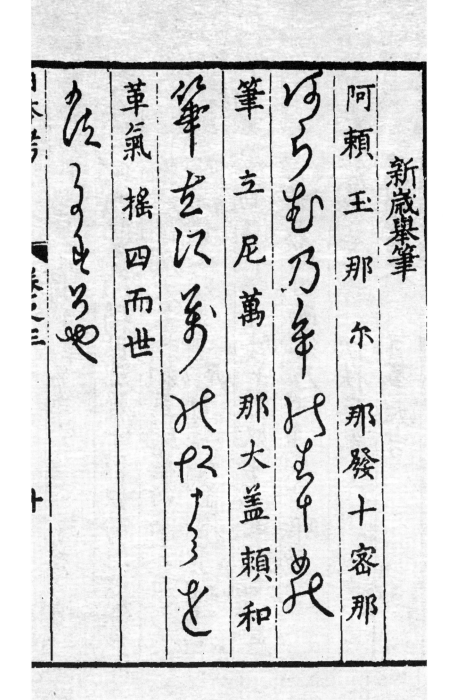

呼音　玉地貴年獨世筆粉地立達子萬搖六事

讀法　阿賴佗賣那獨世那發十容奴粉地達鉄尼搖六事那大盖賴和華紀搖四而容乃

釋音　阿賴簇匕玉正音尼助語大盖賴貫萬正音那助語年正音發十容奴快匕筆立正音華紀寫来搖四而容乃百事大吉那助語

切意　簇簇玉年　快快立筆萬寶寫来　百事大吉

春雲引志

春那夜那紫氣傑那哥

春の夜の紫きけの子

馬揺我想外雲以尼客寮

馬よ我思雲いよね

奴秃計那埋木寮奴

ぬちきのまもみん

呼音　春發而夜搖我黃俺馬哥賣想可意雲枯木

讀法　發而那搖紫氣傑那哥賣搖黃俺可意外枯

木以尼容奴禿計那埋木容奴

釋音　春夜正音那助語紫氣傑那自樣馬正音搖騎

我想正音雲正音容奴上見禿計時那助語

埋木容奴不見以尼變化

切意　春夜月樣馬　我想騎上雲

此時不相見　變化自飛騰

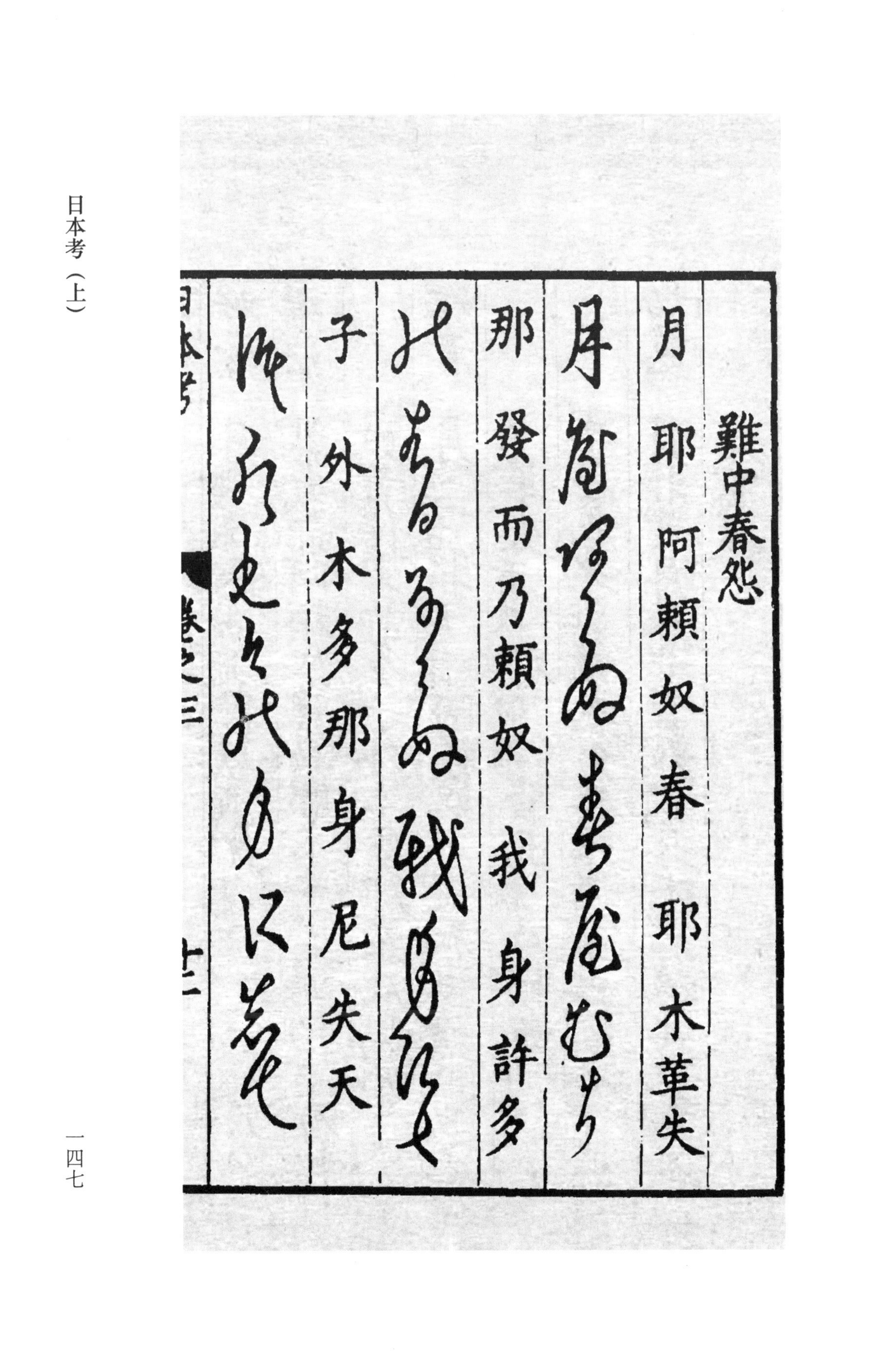

難中春怨

月耶阿賴奴春耶木華失

月耶阿賴奴春耶木華失

那發而乃賴奴我身許多

那發而乃賴奴我身許多

子外木多那身尼失天

子外木多那身尼失天

呼音　月紫氣春發而我黃俺身窓

讀法　紫氣耶阿賴奴發而耶木華失那發而乃賴奴黃俺窓許多子外木多那窓尼失天

釋音　月正音耶助語阿賴奴不是春正音耶助語木華失音故那助語發而春乃賴奴非許多子一我身正音木多那舊時窓尼失天不比

切意　月非昔月春非昔春我身不比故舊故舊不是我身

春風過嶺

阿索容多里山外發而潔氣

あさかう山かけるき

霞容而嶺木失子革尼

霞ゑ嚴如花川まま

外打而春風

ま郷春風

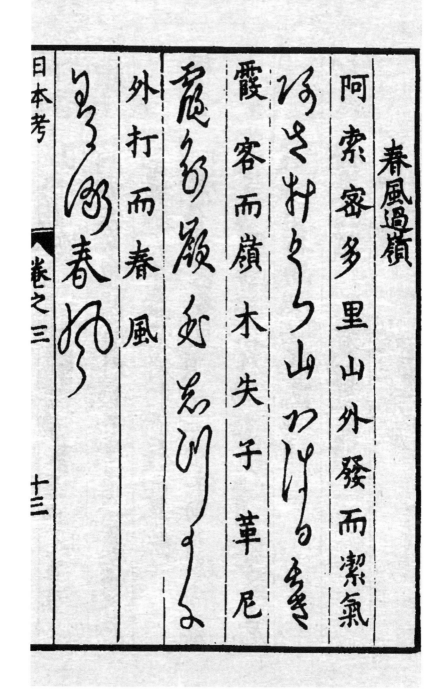

呼音　山陽脉霞華索寄嶺寄巖春發而風華熱

讀法　阿索寄多里陽脉外發而潔氣華素容客乃寄巖木失子華尼外打而發而華熱

釋音　阿索侵晨寄多里頂山正音外助語發而春潔氣罩霞正音客乃助語嶺正音失子華尼

謾〻外打而過去春風正音

切意　侵晨山頂　春霞罩籠

嶺頭過去　謾謾春風

憶摘櫻枆

山大草容枯以尼容由而

山ゑ取め葉いよ免以の

櫻花心那由氣天和賴奴

櫻花ゑの以そてまぬ

虛木乃失

れ是那のし

呼音　山陽脉　雲枯木　櫻索古才頼　花法乃　心箇〱路

讀法　陽脉大革容枯木以尼容由而索古頼法乃箇箇路由氣天和頼奴虛木乃天

釋音　山正音　大革容　高雲正音　以尼遮容由而湫見

心正音　櫻花正音　由氣天手欲去採和頼奴

摘又　虛木乃失日西

切意　高山雲影罩　渺見櫻桃花

心欲伸手摘　紅日又西斜

摘花遇雨

櫻華里挨迷外勿里氣奴

桜がりあめふりきぬ

和乃失古活奴而秃木

をなじくはぬるとも

花那華計尔羊多頼奴

花のかげにかくれむ

呼音　櫻索古賴花法乃

讀法　索古賴華里挨迷外勿里氣奴和賴失古活

奴而禿木法乃那華尔羊多賴奴

譯音　櫻正音華里音折挨迷雨外助語勿里氣奴

驟暴和乃失古活尽濕會左右濕奴而禿木淋漓花

正音華計躲尔助語羊多賴奴睡不得

切意　摘櫻逢暴雨　衣衫左右濕

花下堪遮躲　淋漓睡不得

樵子偷桃

窖之那骨那識那勿那

みちのくのしのふの

櫻和里所葉天吞景其外

櫻、はつそはてけしきらひ

和日氣春那山人

はひき春の山人

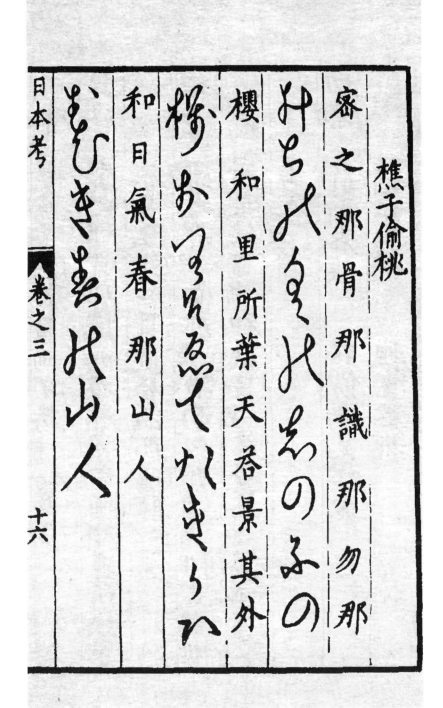

呼音　櫻索古賴春發而山陽脉人許多

讀法　客之那骨那識而勿那索古賴和里所鉄業沓景其外和目氣發而那陽脉許多

釋音　客之那路骨那傍識而勿那看見和里採折所業鉄冊折和氣目重沓景其業櫻正音春山人正音

切意　負薪春樵　路傍偶見櫻花

摘了又摘　担重難挑

春野採花

君華吞寗春那野尼出

花和多乃我衣鉄白雨

君かため春の野に出

花をたの我衣ては雨

尼奴里子子

にぬりこゝ

呼音　君吉寄春發而野那尼花法出一迭我黄俺

衣過路木雨扶迷

讀法　吉寄華吞寄發而那那尼一迭法乃和多而

黄俺遇路木鉄外扶迷尼奴里子子

釋音　君正音華吞寄鳴春正音那助語野正音花

出正音和多而採折我衣正音雨正音鉄外手袖奴里子ミ濕透

切意　春野為君出　繞把花枝折

採花遇春雨　我手衣袖濕

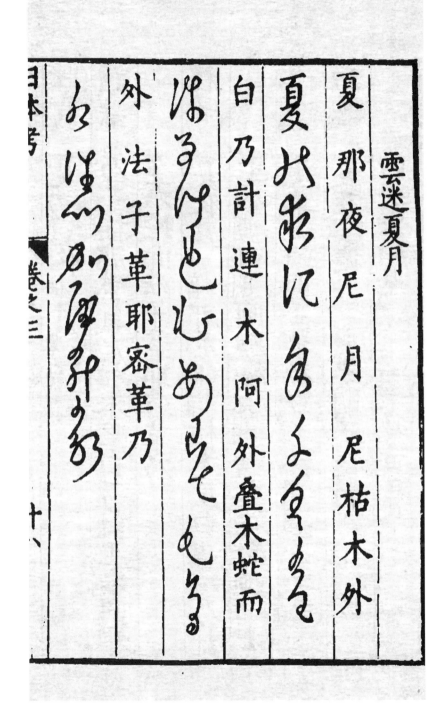

雲迷夏月

夏　那夜尼　月　尼枯木外

[illegible]

白乃計連木阿外疊木蛇而

[illegible]

外　法子華耶容華乃

[illegible]

呼音　夏乃子夜揺月紫氣

讀法　乃子揺那紫氣尼枯木里白乃許里木阿外
疊木蛇而法子華耶容華乃

釋音　夏夜月正音　那尼助語　枯木里白雲遮　乃許
里木明不明　阿外疊不相會　木蛇而回去　法
子華二十　耶容華乃夕黄昏通用

切意　夏夜雲遮月　要明不得明
回去不相見　二十晚黄昏

松影罩山

夏夕尼容里白箇所阿礼

夏夕に涼しこそあれ

住吉那松那那木華葉那阿外

住吉の松のしたはあハ

池塢陽脉

池塢陽脉の

呼音　夏乃子夕骨里住四容吉摇失塢滛脉

讀法　乃子骨里尼容里白箇所阿礼四容摇夫那
埋子那木葦葉那阿外池失脉陽脉

釋音　夏夕正音尼助語容里白見箇所這阿礼有
住吉松正音木葦葉對過阿外池河波州塢正音陽
脉山

切意　夏夕住吉松有影見射對過河波州山塢
住吉松有松影射過河波州也

指月候人

夏出天二十三夜那月

夜出て廿三夜の月

埋子多人尼外由戶候

須ゝて人江毛比て

君和箇所埋子

是於乙女ゝ

呼音　夏乃子出一送二十三正音夜搖月紫人許多君吉窑

讀法　乃子一送天二十三搖那紫氣埋子多許多

尼外由乎鉄吉窑和箇所埋子

釋音　夏出天二十三夜正音那助語月正音埋子多

等候人正音尼外助語由乎鉄假説君正音

和助語箇所埋子這里等候

切意　夏天二十三夜等候君人前假説這里候月

出　字語顛倒意只在此

雲山苔石

石以打以外外果結勿華户

やんいいまよけふりノ

失鉄以外和那華打尼華華而

まそいまゝのあろえる

白雲　乃和皮尼　尓鉄山那華失和埋吉

白雲のそわかれ、ふて山のあゝ

呼音　白法古雲渾乃山陽脉

讀法　石以打以外果結勿高户失鉄依外和那各打尼革匕而法古渾乃和皮尼鉄陽脉那革失和埋古

釋音　石以打以外大岩果結勿高户失鉄苔塵深砌依外和那岩頭各打尼肩革革而如似白雲正音和皮帶尼鉄腰山正音那助語革失和埋古横遮

切意　白雲横罩山腰如繫帶纏苔深結岩頭似着衣

皓月逢雲

十五夜那月木今夕

十五夜は月もく夕

那乃隔所賴尼雲和白容

のなかそらに雲もかみ

設奴月那華傑華而

せくはよゆよ部

呼音　十五壽我夜揺月紫雲枯木今箇夕揺以

讀法　壽我夜那紫氣木箇揺以那乃隔所頼尼枯木和白客設奴紫氣那革傑革而

釋音　十五夜正音那助語月正音和白遮客設奴不見今夕正音乃隔中所頼天尼助語雲正音月紫氣月正音皆不同也那助語革傑革而影

切意　十五夜月正中天

今夕無雲影人不見

月下鴈歸

鴈　華葉而月那　村雨發而

鴈かへる月の村雨ふれ

發里鉄熏華里木索所乃

とて花の[illegible]

夕骨里那所賴

夕ぐれの空

呼音　鴈客里　月紫氣　村木頼　雨挨迷　夕由

讀法　客里葷葉而紫氣那木頼挨迷發里發里鉃熏葷里木索所頼由骨里那所頼

釋音　鴈正音　葷葉回　而助語　月正音　村雨正音　發里發里亮、、鉃助語　熏葷里木　悶雹　索所乃　晴明　夕正音　骨里黑　那助語　所頼天

切意　黃昏天黑村雨過　月雹交明獨鴈回

夕即黃昏也

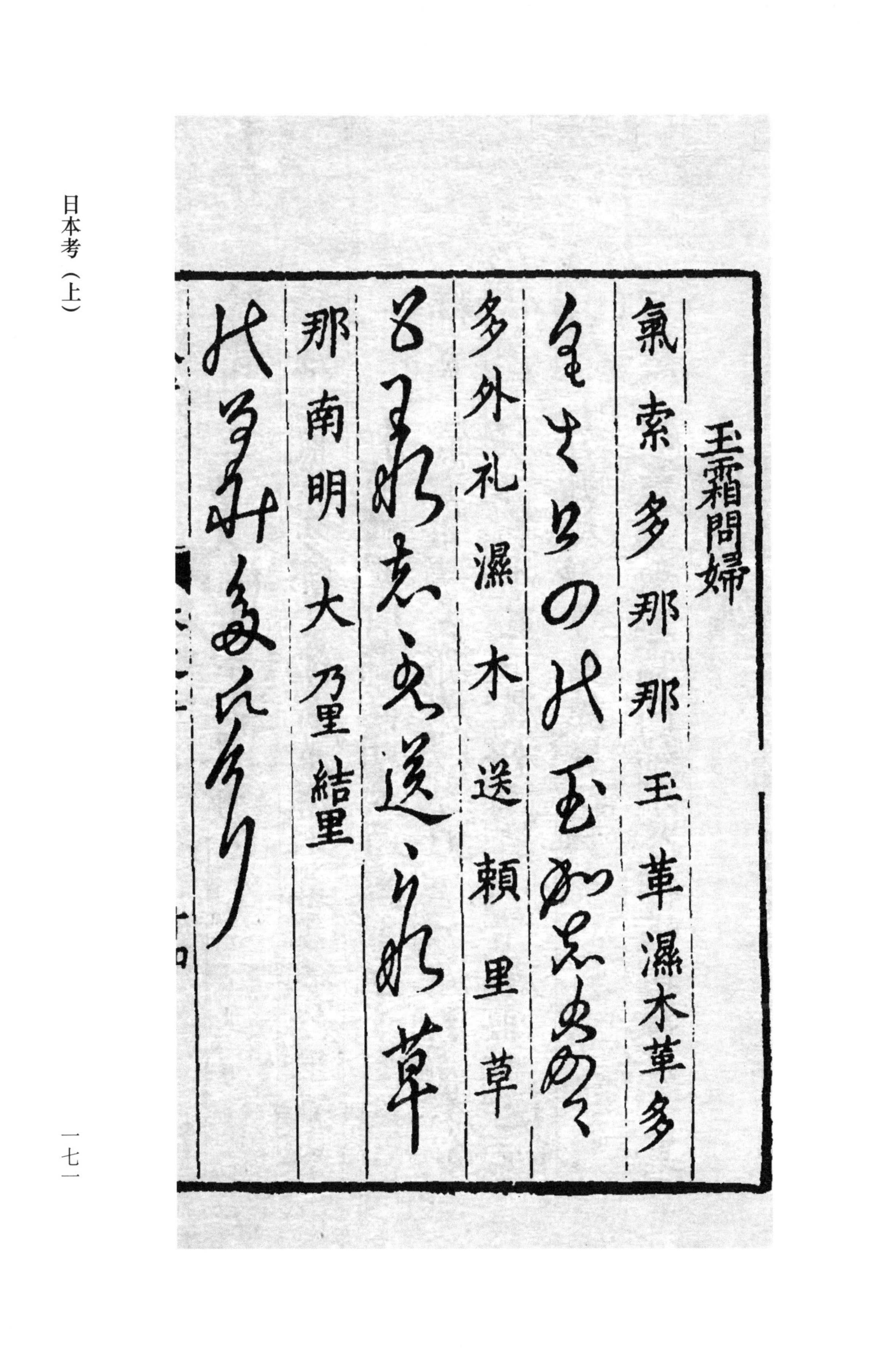

玉霜問婦

氣索多那那玉華濕木華多

[illegible]

多外礼濕木送賴里草

[illegible]

那南明大乃里結里

[illegible]

呼音　玉他賣送和古草骨篩

讀法　氣索多那〻他賣革濕木革多多外里濕木和古頼里骨篩南明大乃里結里

釋音　氣索侵晨多那那丈夫玉正音濕木霜革多是否多外里阿濕木霜草正音那助語送正音南明大淚乃里結里乞地霜

切意　侵晨夫執玉霜問婦不荅悽惶送歸淚下草乞地結成霜

世笑梅歎

世中尼阿多乃氣物外梅

世中以あ乄子之插以梅

那花雪月索葉天瀑木

此花雪月洪以て志也

尼捏賴而而

以祢りるる

呼音　世揺那中乃隔物木那梅烏嵜花法乃雪依計
月紫氣

讀法　搖那乃隔尓多乃氣木那外烏嵜那法乃依
計紫氣索葉天濕木尼捏賴而而

釋音　世中正音尓助語阿多乃氣獣呆物正音外助語梅花
雪月正音索葉天開濕木霜捏賴而而磨打

切意　世中獣物　惟是梅花
雪月偏開　又遭霜打

倩人摘梅

君乃賴鉄打里尔華密
君ならで誰にかみ
設奴梅花以路和木華和
せ梅のいろをもかを
木識而人所失而
もしる人そしる

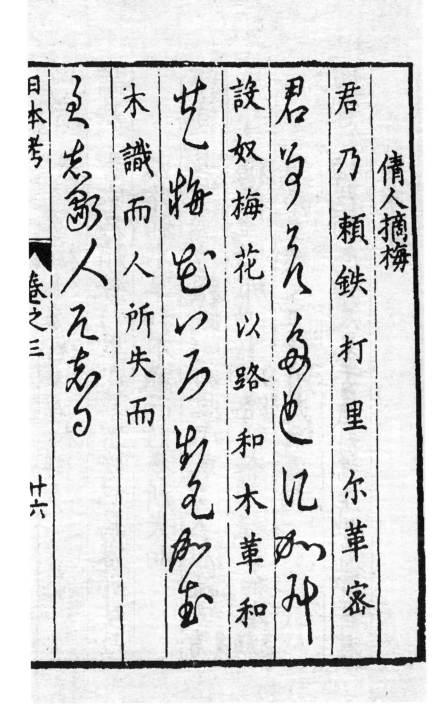

呼音　君吉密梅烏密花法乃人許多

讀法　吉密乃賴鐵打里尓革密設奴烏密那法乃
以路和木革和木識而許多所失而

釋音　君正音乃賴鐵手打里尓革誰人密設奴看見
梅花正音那助語以路和木香氣革和木顏色
識而知音人正音所失而攀摘

切意　梅花顏色誰人見香氣引君至此看知音者
舉手攀

日月同天

月木日木所乃打那天木

多也日乙ミろ代天也

乃子華失也我和慕人那

子須那乚也我蔵人代

阿而多思葉白

安留乙思惠先

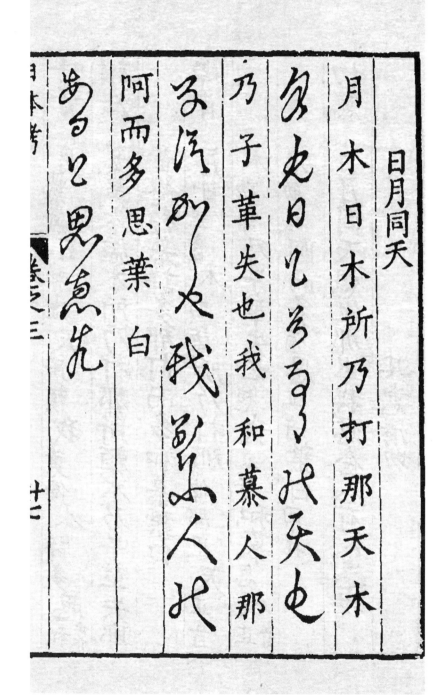

呼音　月紫氣　日和虛　天所賴　我黃俺　人許多　思和慕

讀法　紫氣木虛木所乃打那所賴木乃子華失耶

黃俺和慕許多那何而多和慕葉白

釋音　月　日正音　木助語　所乃打那他那里　天正音

木助語　乃子華失也　想　我正音　和慕思　人正音

那助語　阿而多有　思正音　葉白回我

切意　日月同天想他那里我思念人有人思我

其意清切

蜒蜉避牛

牛那子尼勿埋而乃尼外

牛のこにふまるなには

那華合子骨里子那阿而

のかたつぶりつのある

多鉄身和白打那寮所

とてみわばたのみそ

呼音　牛故失子箇身寮

讀法　胡失那箇尼勿埋而乃尼那那革荅子骨里子那阿而多鉄木寮和白打那寮所

釋音　牛正音子正音那尼助語勿埋而乃蹖尼外那天井革荅子骨里蔕蔽毛虫子那角阿而有多鉄木損身正音和白藏防打那寮所胆大驚

切意　蔕蔽蜒蝣雖有角牛來蹖着損其身藏在天井膽大防驚

心命相連

命打尼心尼客乃乎物乃

命だに心にかなふもの

頼白何華外界里那華乃失

らばなにかわかれのかなし

華而別紀

からまし

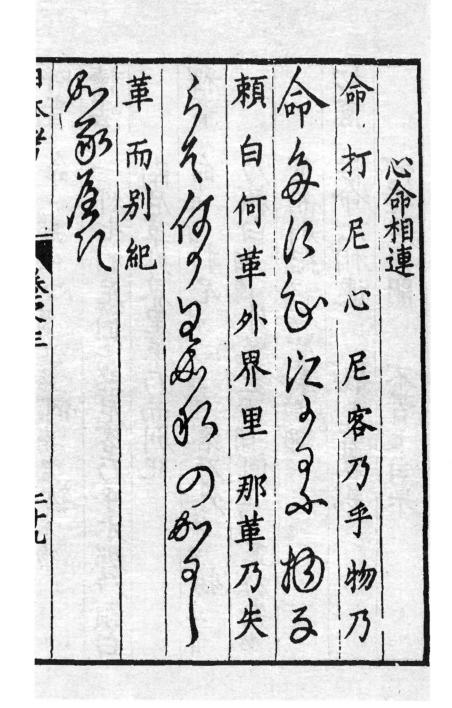

呼音　命一那七心箇々路何南尼物木物

讀法　一那七打尼箇々路尼客乃乎木那乃頼白

南尼華外界里華乃而別紀

釋音　命正音打尼性心正音客乃外客勿物正音

乃頼白相連外界里分開何正音華乃失若

華而別紀不苦尼華助語

切意　性命心相連　物々皆容易

何時若分開　不苦々自来

托月壁病

容華月那復那華尼出鉄

おも月はのなく出て

入結而和所頼恙容秃

入るをとへかりなけ

箇所由戸別華里結里

こそゆこへかりけり

呼音　月紥氣出一迭入一而

讀法　啄革紥氣復那革尼一迭鉄一而結而和所
　　賴恙啄秃箇所由別革里計里

釋音　啄革初三月正音復那革尼渺々見出正音
　　鉄助語入正音結而和先所賴假恙啄病箇
　　所由別可此革里計里

切意　假病可比初三月　渺見出先蔫地入
　　只此是也

歸遲嘆世

月木月耶多木昔那

自也月屋卜也昔於

耶跎乃而尼華外而外人

屋卜乃而八如是而尓人

那心乃里計里

於仏人乃ヽ

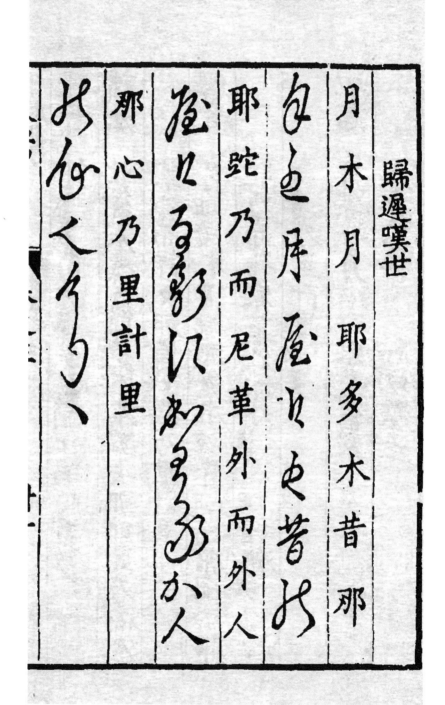

呼音　月紫氣　昔木葦失　心箇匕路　人許多

讀法　紫氣木紫氣耶多木木葦失那耶跎乃而尼

葦外而許多那箇匕路乃里計里

釋音　月正音木助語耶多木家昔正音那助語耶

跎乃而舊家葦外而外換人正音那助語心

正音乃里計里改差

切意　月係昔月　家是舊家

人身不換　心地改差

夜月感懷

吉客華世外紫氣失多

きみがせまるゐこし

所和慕神風耶客木思

れおふ神風急兎え先

所華外那事埋奴華氣里外

そめくにままぬふゑ沐

呼音　世搖神華客風華熱

讀法　吉客華搖外紫氣失多所和慕乎華客華熱
那客木思所華外那事埋奴華計里活

釋音　吉客君子華外助語世正音紫氣月失多所
明和慕思神風正音客木思所見苦華外那
渾河事埋奴渾華紀里活不得清

切意　君思知明月　世事若渾河
神風常拂動　馬得漾清波

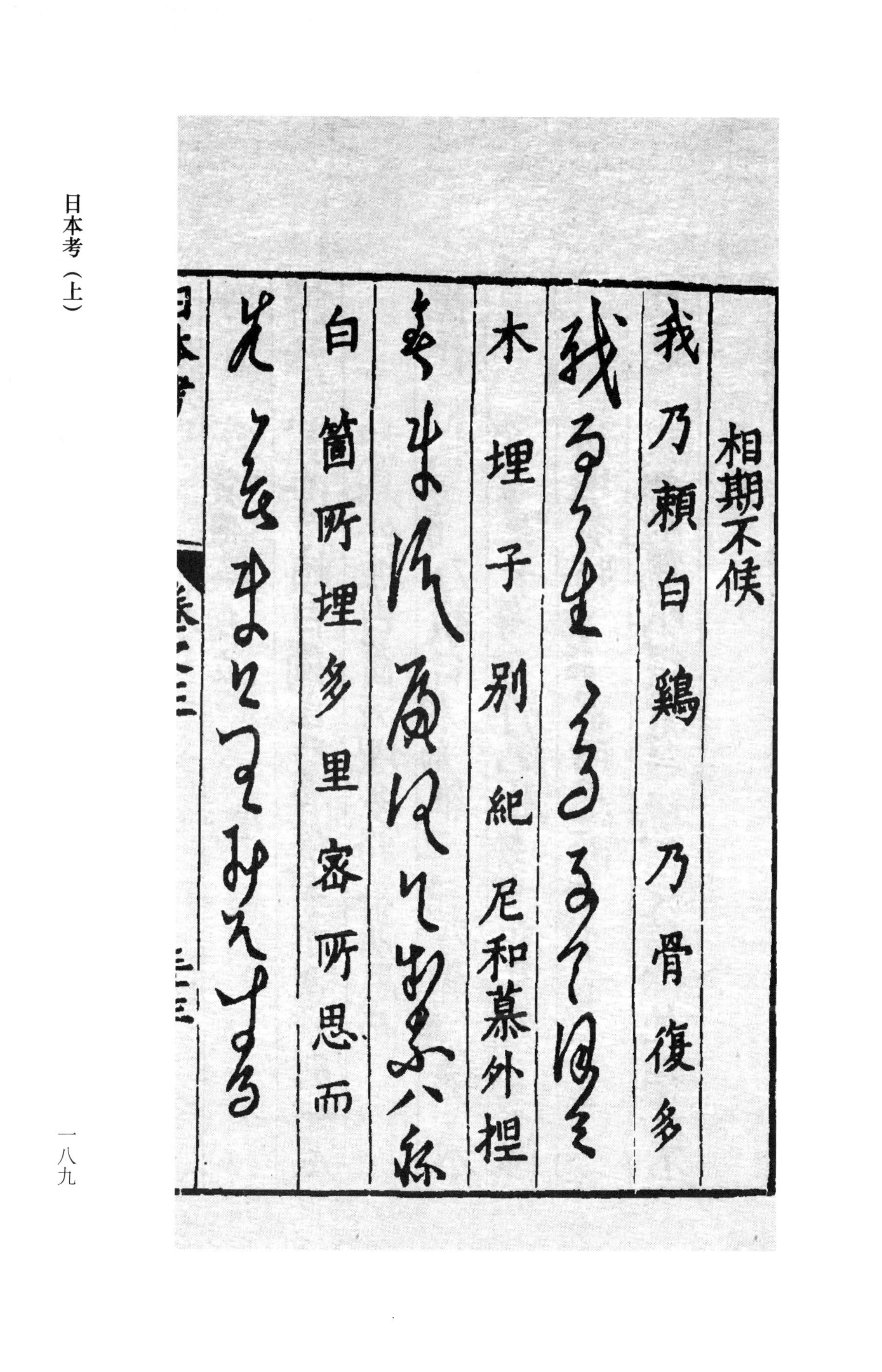

相期不候

我乃賴白鷄　乃胥復多

[illegible]

木埋子別紀　尼和慕外揑

[illegible]

白箇所埋多里容所思而

[illegible]

呼音　我黄俺鷄獨立

讀法　黄俺乃頼白獨立乃骨後多木埋子別紀尼
和慕外揑白箇所埋多路窓所思而

釋音　我正音乃頼白相約雞正音乃骨鳴後多木
須索埋子等候別紀尼緣何和慕外不思箇
所埋多路就睡窓所思而失信

切意　我相約鷄鳴須索等緣何失信你就睡見不
再思

夜約悞期

揺一外埋子夜中外四

よいてまつ夜中とし

骨而挨華月尼由減尓耶

ほそるあす月にゆめや

寄奴多埋跎路寄所事而

みぬこ海をろみそなる

呼音　夜搖中乃隅月紫氣

讀法　搖一外埋子搓乃隅外四骨挨革紫氣尼由減尔耶客奴多埋跎路客所思而

釋音　搖一更埋子等候夜中正音四骨四更挨革紫氣五更由客夢尔耶你客奴多不見來埋跎路卧客所思而相見

切意　一更專等夜過已半四更不來五更睡到夢中你來相見

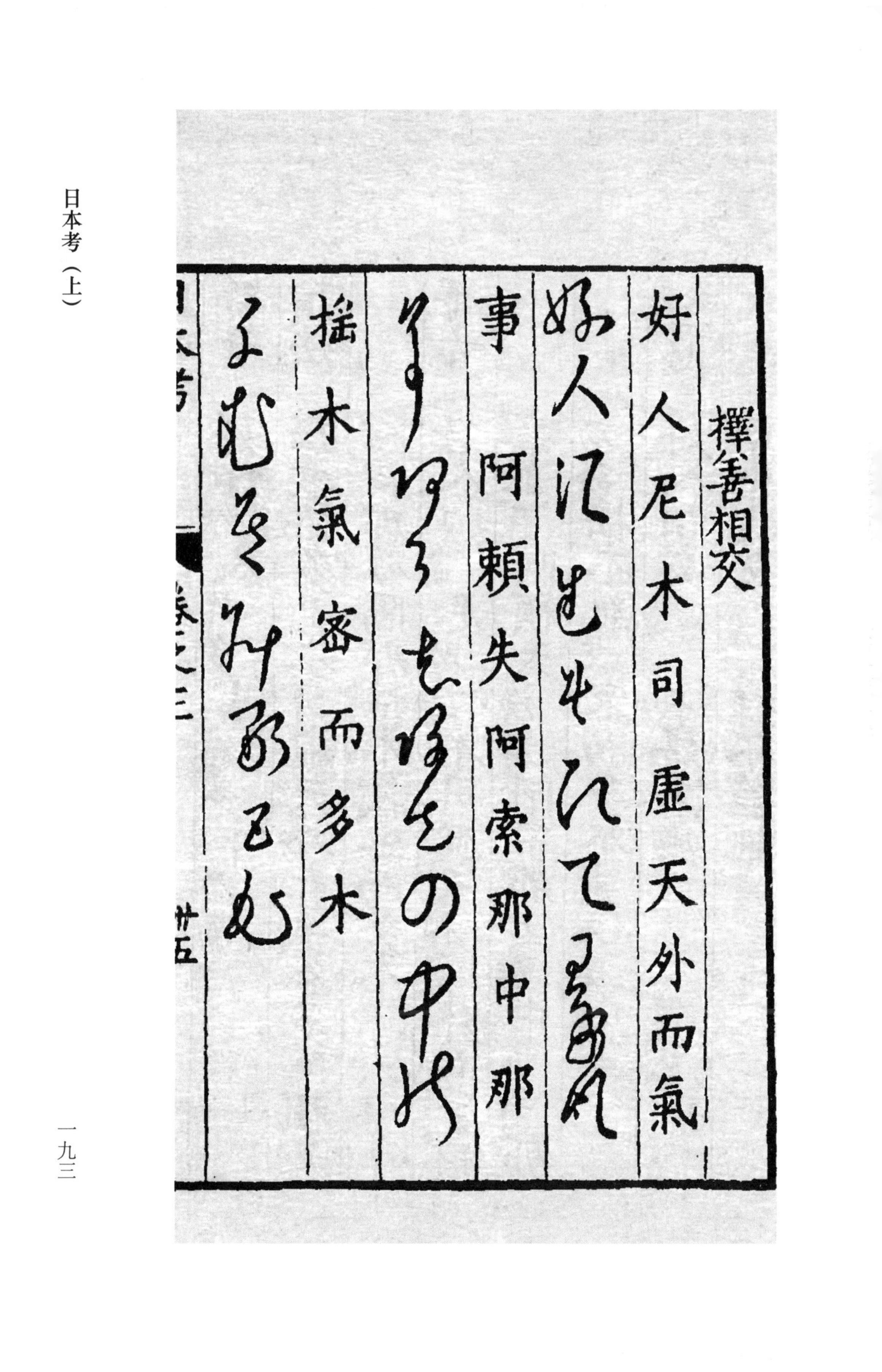

擇善相交

好人尼木司虛天外而氣

[illegible]

事阿頼失阿索那中那

[illegible]

揺木氣窑而多木

[illegible]

呼音　好搖各或氣人許多事谷多中乃隔

讀法　搖氣許多尼木司虛天外而氣谷多阿賴天

阿索那乃隔那搖木氣容而多木

釋音　好人正音尼助語木司虛天相交外而氣不好

事正音阿賴天沒有阿索那苧蘇中正音那

助語搖木紀艾容而多木樣不差

切意　好人相交　不好事無

苧中夾艾　樣不差訛

浪裡行舟

和失法耶寮多埋耶那

和了法也女一乏屋乃

船木過挨里行士埋那

舡己出、乃迺阿迺海於

浦風浪木虚馬乃失

浦奶浪也元海方く

呼音　船浮尼浦湖賴　風華熱浪乃容行尤古

讀法　和失法耶容多埋耶那浮尼木過挨里木尤古士埋那瀨湖華熱乃容木虛馬乃失

釋音　和失法那容快搖多埋也船坊那助語船正音木助語過挨里速匕行正音士埋那志摩州浦正音風浪正音木助語虛馬乃失沒工夫

切意　快搖船坊舟　速行志摩州

便風沒工夫　何為浦浪處

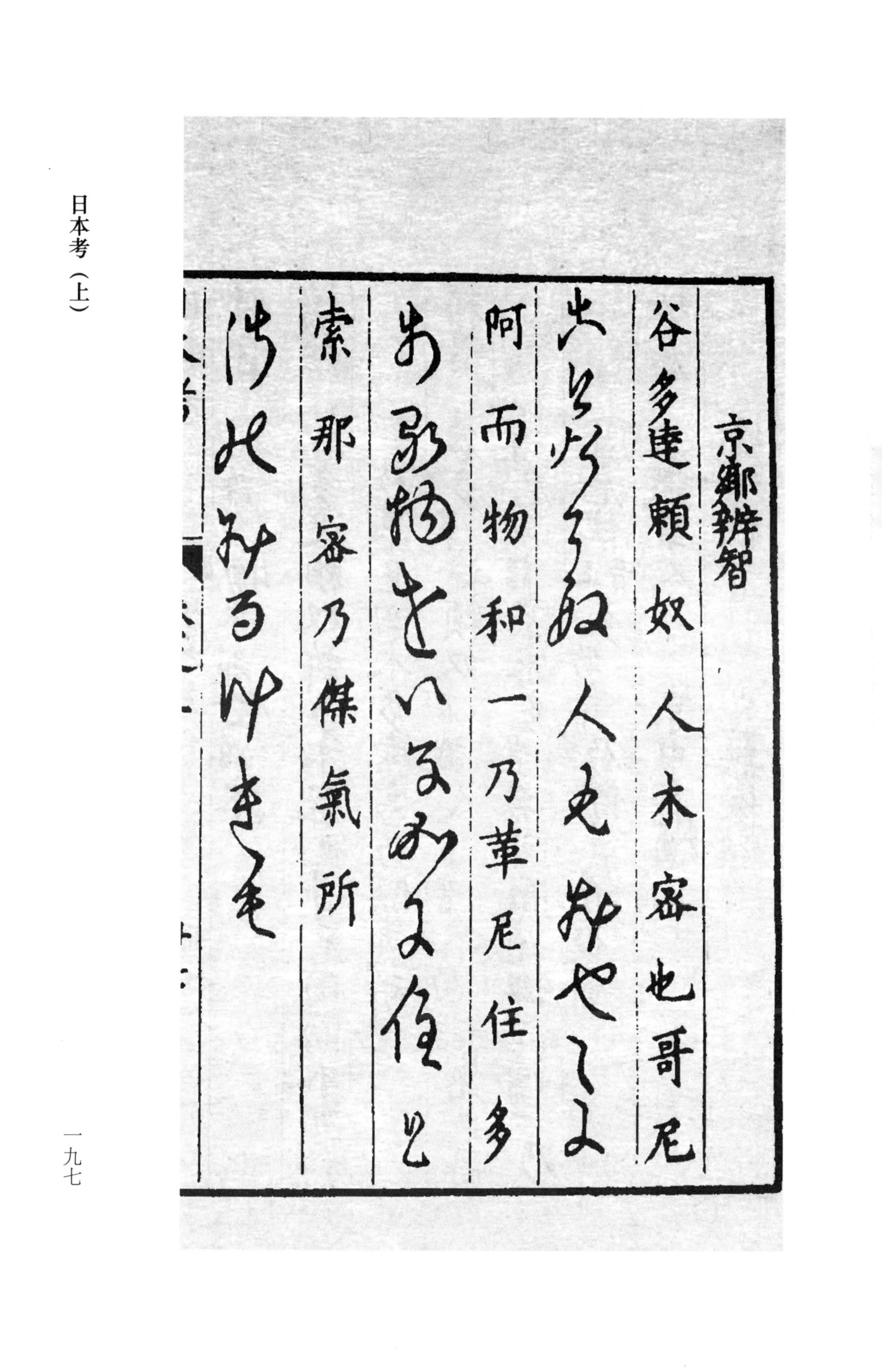

京鄉辨智

谷多達賴奴人木寄也哥尼

[illegible]

阿而物和一乃華尼住多

[illegible]

索那寄乃傑氣所

[illegible]

呼音　人許多物木那住四木

讀法　谷多達賴奴許多禾容也哥尼阿而木那和
一乃華尼四木多索容乃傑氣所

釋音　谷多事達賴奴不識人正音木助語容也哥
京尼助語索容多豈無阿而有物正音一乃
華尼住正音多助語乃傑氣所俊傑

切意　不識事人　京中有物
鄉下住者　豈無俊傑

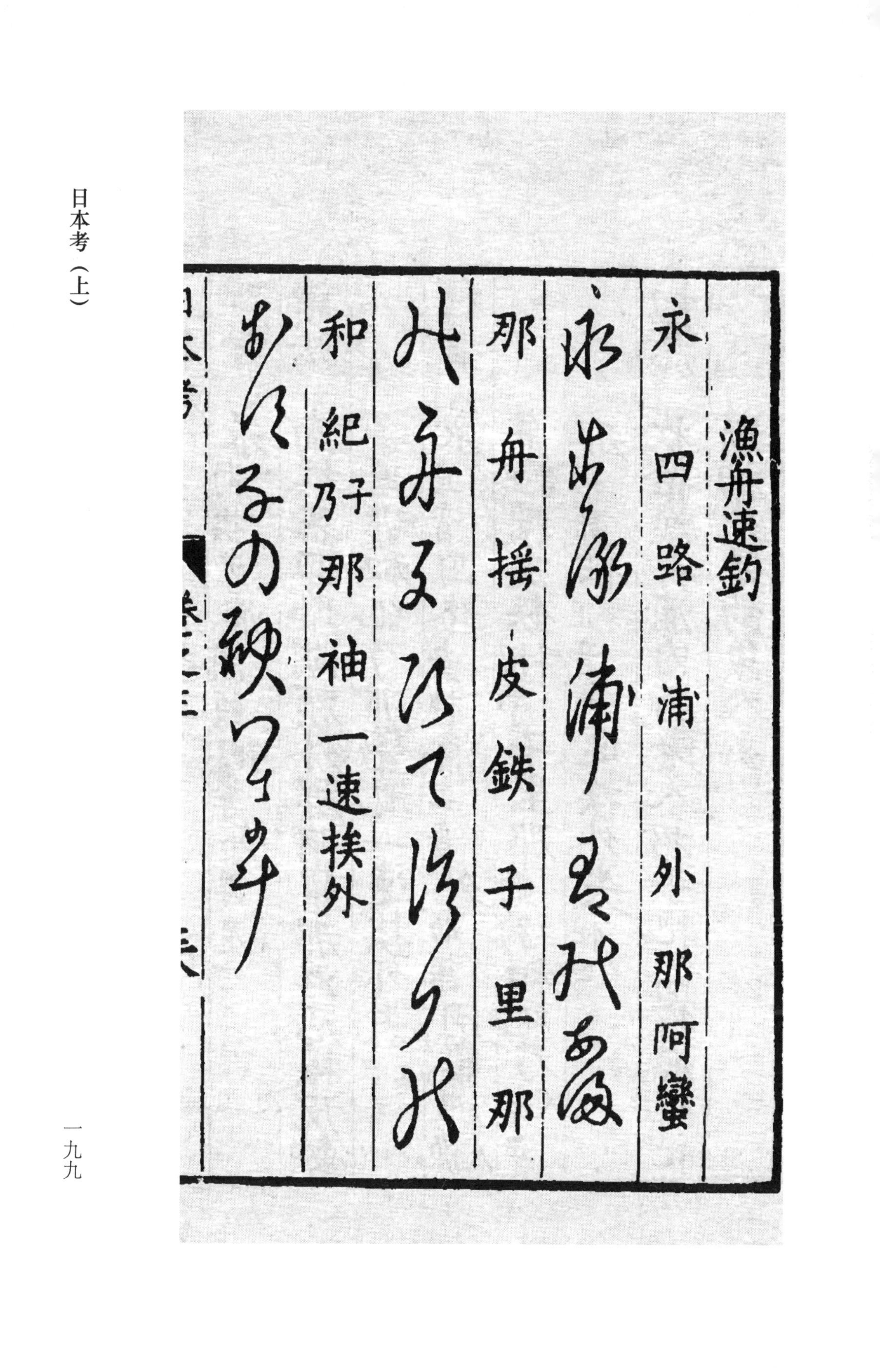

漁舟速釣

永四路浦外那阿鑾

[illegible]

那舟搖皮鉄子里那

[illegible]

和紀乃子那袖一速挟外

[illegible]

呼音　永南挨孝浦湖賴袖聳舟浮尼

讀法　南挨容四路湖頼外那阿蠻那浮尼搖皮鉄子里那和紀乃那聳地一速挨外失

釋音　永正音四路安排浦正音外助語阿蠻那漁人舟正音搖皮鉄招手叫子里那鈎鈎和紀乃老年人那助語袖正音一速挨外失忙匕

切意　收拾漁舟浦内行老人招手把篙撑漁翁忙勸袖永是釣魚人

世别清濁

世中那人外何多木以

世中於人れ何ゑ丈い

外失水四寗尼過而和

至志水すれ不あ於

白神所失而頼奴

乞神れ志み乃ん

呼音　世揺那中乃隔人許多何南尼水密辭神華密

讀法　揺那乃隔那許多外南尼那多木以外失密辭四密尼過而和白華密所失而頼奴

釋音　世中正音那助語人正音外助語何正音多木以外失分好歹水正音四密清尼過而渾和白渾神正音所助語識而頼奴知識

切意　世中好歹人難分別如水混清澄惟有神知識

武藏無山

木索失野外月那入別

むさし野の月の入ゑ

紀山木乃失草搖里出

へき山もなしくさゆり出

鉄草尼箇所入

て草にこそ入

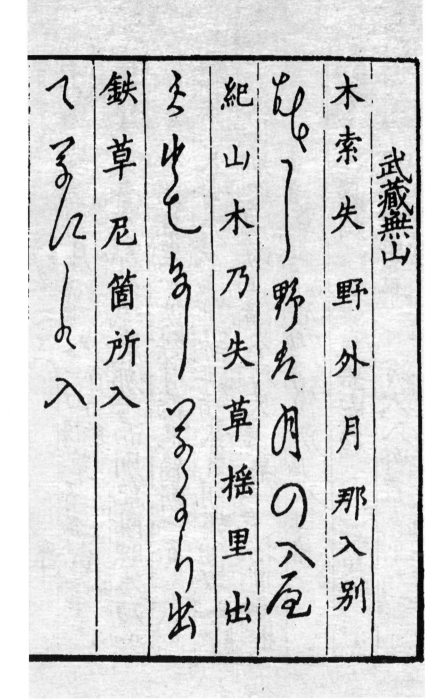

呼音　野那外月紫氣入一而山陽脉草骨節出一送

讀法　木索失那外紫氣那一而別紀陽脉木乃失骨節搖里一送鉄骨節尼箇所一而

釋音　木索失武藏州野正音紫氣月那助語入正音別紀島山正音木乃失無草正音搖里裡出正音草正音尼助語箇所底入正音

切意　武藏州　無山島

月出出野草　月入入野草

暴雨壁瘡

村雨外只華里所容那物

村ゐえ之努星てめれ物

所華失所那容那那華索和所

ゑよしてのみし努もえ

箇尼奴氣和計

く江ゐて出抄

呼音　村木頼兩挨迷只他大物木那

讀法　木頼挨迷外他大華里華索容那木那所華
失所那容那華索和所箇尼奴氣和計

釋音　村兩正音外助語只正音華里所容那快迷
物正音所華失棄華索和瘡傘所箇尼這里
奴氣和計脫放互用

切意　病如村兩暴　瘡如兩傘張
天晴棄了傘　瘡脫病無妨

涙筆寫情

和慕乎尼外筆木涙尼所

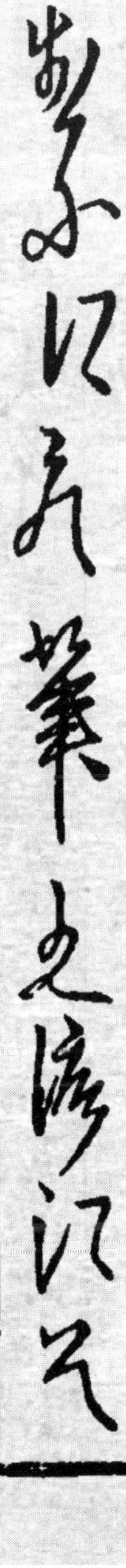

滅鉄天想多華古尓四客

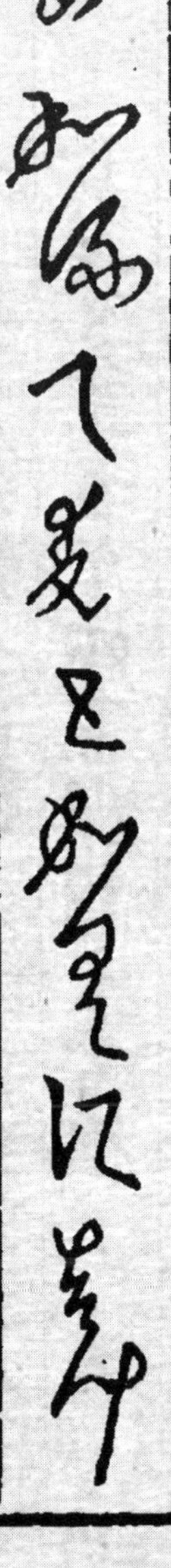

那胡系索摇

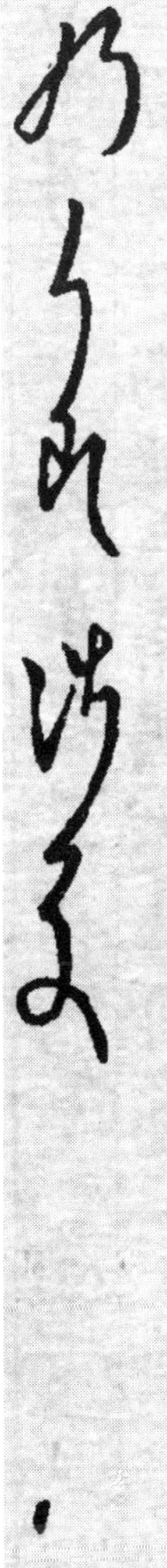

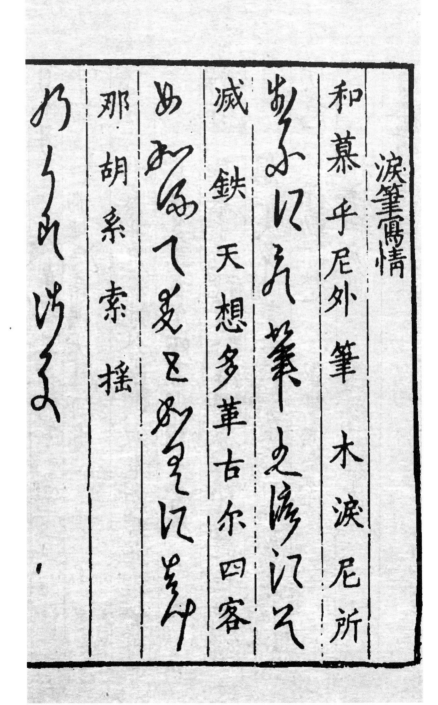

呼音　筆粉地涙南明大想可意

讀法　和慕乎尼粉地外南明大尼所㵎革捏鉄可意失多革古尔四家那胡系索摇

釋音　和慕乎尼（思你）筆（正音）外（助語）涙（正音）所㵎革捏鉄（捵筆手）想（正音）失多情革古尼（寫紙）四家（墨）那（助語）胡系索摇（滲湿）

切意　思你動離愁　舉筆涙先流
想情和涙寫　墨滲濕難收

日本考卷之三終